D1751818

Anjum Anand

Ayurvedisch kochen

Gewicht verlieren, Lebensfreude gewinnen

Fotografien von Lisa Linder

Für meine Mutter, die mich lehrte, einfach zu leben,
und für meinen Vater, der mich anhielt, das Leben zu genießen.

London, New York, Melbourne, München
und Delhi

Für die deutsche Ausgabe
Programmleitung Monika Schlitzer
Projektbetreuung Elke Homburg
Herstellungsleitung Dorothee Whittaker
Herstellung und Covergestaltung Anna Ponton

Bibliografische Information Der Deutschen Bibliothek
Die Deutsche Bibliothek verzeichnet diese Publikation in der Deutschen Nationalbibliografie; detaillierte bibliografische Daten sind im Internet über http://dnb.ddb.de abrufbar.

Titel der englischen Originalausgabe:
EAT RIGHT FOR YOUR BODY TYPE

Text © 2010 Anjum Anand
Fotos © 2010 Lisa Linder

Design und Layout © 2010 Quadrille Publishing Limited

Programmleitung Anne Furniss
Projektbetreuung Gillian Haslam
Leitung Grafik Helen Lewis
Grafik Lucy Gowans
Fotos Lisa Linder
Foodstyling Susie Theodorou
Make-up und Hairstyling Bernadine Long
Herstellungsleitung Vincent Smith
Herstellung Marina Asenjo

Der Originaltitel erschien 2010 bei Quadrille Publishing Limited, London

The rights of the author have been asserted.
Alle Rechte vorbehalten. Jegliche – auch auszugsweise – Verwertung, Wiedergabe, Vervielfältigung oder Speicherung, ob elektronisch, mechanisch, durch Fotokopie oder Aufzeichnung, bedarf der vorherigen schriftlichen Genehmigung der Copyright-Inhaber.

© der deutschsprachigen Ausgabe by
Dorling Kindersley Verlag GmbH, München, 2013
Alle deutschsprachigen Rechte vorbehalten

Übersetzung Karola Bartsch und Gabriele Gockel
für das Kollektiv Druckreif
Lektorat Petra Teetz

ISBN 978-3-8310-2372-1

Printed and bound in China

Besuchen Sie uns im Internet
www.dorlingkindersley.de

Hinweis: Die Angaben von Backzeit und Backtemperatur beziehen sich auf konventionelle Backöfen mit Ober-/Unterhitze. Die entsprechende Temperatur für Umluftbacköfen finden Sie jeweils in Klammern. Wenn nicht anders angegeben, benötigen Sie Eier der Größe M.

INHALT

Einführung 4
Ursprünge des Ayurveda 5
Die Doshas 9
Welcher Dosha-Typ sind Sie? 10
Der Körper im Ayurveda 14
Ernährung nach Ayurveda 19
Das Vata-Dosha 24
Das Pitta-Dosha 30
Das Kapha-Dosha 36
Abnehmen mit Ayurveda 42
Entgiften mit Ayurveda 46

Rezepte 54
Frühstück 58
Suppen 70
Salate 82
Fisch 94
Hähnchen 106
Vegetarisches 120
Getreide 136
Desserts 142
Nahrungsmitteltabellen 153
Register 159

Einführung

Auf Ayurveda stieß ich durch Zufall. Zwar ist es Teil meines indischen Erbes, doch zu Hause lebten wir nicht nach ayurvedischen Prinzipien. Die alte Lehre beeinflusste dennoch die Küche und Hausmedizin meiner Mutter: »Das solltest du bei einer Erkältung nicht essen«, »Du fühlst dich nicht gut? Dann mache ich dir ...« oder »Nimm einen Löffel davon, das beruhigt den Magen.« So hat mich Ayurveda durch die Kindheit begleitet, und ich habe unbewusst gelernt, dass Ernährung und Gesundheit eng miteinander verbunden sind. Doch erst viel später wurde mir dieser Zusammenhang bewusst.

Ayurveda ist eine der ältesten Heilkünste der Welt. Bis heute werden seine Prinzipien von Generation zu Generation mündlich weitergegeben. Ersten Kontakt mit Ayurveda hatte ich vor neun Jahren, als mich anhaltende Beschwerden quälten. Ich hatte eine träge Verdauung und Blähungen, wurde schnell müde und war sehr launisch. Außerdem nahm ich zu, obwohl ich mich fettarm ernährte, und so auch mein Übergewicht abgebaut hatte (s. S. 42), und regelmäßig Sport trieb. Ich suchte Rat bei Ärzten und Ernährungsberatern, aber niemand konnte mir helfen. Man schob meine Probleme auf Stress, den ich gar nicht hatte.

Es wurde einfach nicht besser und schließlich war ich so frustriert, dass ich Wege neben der Schulmedizin suchte. Dabei stieß ich auf Ayurveda. Ich lernte einen wunderbaren Ayurveda-Arzt kennen, der sich geduldig meine Beschwerden und meine Krankengeschichte anhörte. Nach einer Untersuchung (mithilfe der Pulsdiagnose und anderer Methoden) erklärte er mir, mein Körper befinde sich in einem Ungleichgewicht. Jahrelange Diäten und mein Bedürfnis, ständig aktiv zu sein, hatten zu einem Vata-Ungleichgewicht geführt und mein Verdauungssystem geschwächt.

Der Arzt gab mir ein paar pflanzliche Medikamente und eine Reihe von Ratschlägen, um meine Probleme durch eine Umstellung meiner Ernährung und Lebensweise zu bewältigen. Daraufhin verschwanden meine Beschwerden langsam. Fasziniert begann ich, mich mit Ayurveda zu beschäftigen. Heute sehe ich Körper und Gesundheit in einem anderen Licht und weiß, wie ich meine Gesundheit erhalten kann.

Dieses Buch stellt Ihnen die ayurvedische Ernährungsweise so einfach vor, dass sie sich auch in unseren hektischen Alltag des 21. Jahrhunderts integrieren lässt. Es erklärt, warum wir alle verschieden sind und worin die Unterschiede bestehen, vor allem aber, wie wir uns so ernähren und leben können, dass wir die optimale Gesundheit erreichen. Ich bin immer wieder verblüfft, welches immense Wissen die Menschen bereits vor 5000 Jahren hatten. Die Prinzipien des Ayurveda sind bis heute gültig, denn der menschliche Körper hat sich seither kaum verändert. Im Sanskrit steht das Wort *kratu* für »kluges Handeln«, und Ayurveda schenkt uns das Wissen, das wir dafür brauchen. Unser Gewicht, unsere Gesundheit und unser Glück – wir haben es selbst in der Hand.

Ursprünge des Ayurveda

Ayurveda, die »Wissenschaft vom Leben«, ist schon 5000 Jahre alt. Die genaue Entstehungszeit und die Ursprünge verlieren sich jedoch im Dunkel der Geschichte.

Der Legende nach zogen vor 5000 Jahren die größten Weisen und »Seher« in den Himalaya, um über die Geheimnisse der Gesundheit und des langen Lebens zu meditieren. Dabei studierten sie die Rhythmen des Universums und die Energieflüsse, aus denen die Natur besteht und die alles miteinander verbinden. Ihre Erkenntnisse bildeten die Grundlage für das Ayurveda. Bis zur Niederschrift um 1000 v. Chr. wurde die Lehre jedoch nur mündlich überliefert.

Ayurveda erwies sich in Indien jahrtausendelang als erfolgreich, bis seine Anwendung bei der Kolonisierung durch die Briten verboten wurde. Für die Massen außerhalb der Städte aber blieb es das Mittel der Wahl und wurde so erhalten.

Was ist Ayurveda?

Ayurveda ruht auf zwei Säulen: Die präventive Säule hilft uns, Krankheiten durch richtige Ernährung und Lebensweise mit Meditation und Yoga zu vermeiden. Die heilende Säule umfasst acht medizinische Bereiche: innere Medizin, Chirurgie, Kinderheilkunde, Psychiatrie, Behandlung von Augen, Ohren, Nase, Hals und Kopf, Toxikologie, Verjüngung und Aphrodisiaka. Ayurveda hat überall auf der Welt die frühen Heilkünste beeinflusst. Auch viele traditionelle medizinische Schulen der östlichen Welt wurzeln in dieser Lehre.

Wie Ayurveda wirkt

Nach den alten Schriften ist alles in der Welt ein ständiges Spiel dynamischer Kräfte und Energien. Stellen Sie sich die verschiedenen Energien als Rauchschwaden vor, die in den Körper eindringen und ihn wieder verlassen. Sie verbinden uns fest mit der Natur, die aus eben diesen Energien besteht (s. S. 6). Das Wissen um ihr Wechselspiel ist der Schlüssel zur Gesundheit. Ayurveda vermittelt dieses Wissen auf den Ebenen Ernährung, Lebensweise, Handeln und geistige Haltung. Nach ayurvedischer Auffassung finden wir alles, was wir für unsere Gesundheit brauchen, in unserer Umgebung. So können wir uns selbst heilen.

Das ganzheitlich ausgerichtete Ayurveda geht von der Einheit von Geist, Körper und Seele aus. Eine Erkrankung in einem Bereich kann auch einen anderen beeinträchtigen. So wissen wir beispielsweise, dass anhaltender Stress (Geist) zu Geschwüren (Körper) führen kann. Wenn sich Geschwüre halten und uns schwächen, entstehen möglicherweise Probleme auf einer tieferen Ebene, die Verzweiflung und Depressionen (Seele) hervorrufen.

Unser Körper strebt von Natur aus nach Gesundheit und reguliert vieles selbst. Ayurveda zielt grundsätzlich darauf ab, Krankheiten zu verhindern. Erkrankt jemand dennoch, sucht und bekämpft die ayurvedische Medizin die Ursachen, statt nur die Symptome zu kurieren.

»Wer richtig isst, braucht keine Medizin, wer sich falsch ernährt, dem nützt auch keine Medizin.« (Indisches Sprichwort)

Die fünf Elemente

Nach ayurvedischer Auffassung besteht das ganze Universum aus fünf Elementen: Äther, Luft, Feuer, Wasser und Erde. Diese Elemente sind Energien. Feiner als Moleküle und Teilchen, sind sie die Bausteine von allem: von Bäumen, Pflanzen, Tieren, Menschen, selbst von den Jahreszeiten.

Die einzelnen Energien unterscheiden sich durch Dichte und Schwingung. Das feinste Element ist Äther, der zu Luft kondensiert. Wenn sich die Luft bewegt, kommt es zu Reibung, die Wärme oder Feuer verursacht. Das Feuer wiederum erzeugt Feuchtigkeit, die sich zu Wasser und schließlich zu Erde, dem schwersten Element verdichtet.

Das Element Erde steht für jede sichtbare feste Materie und verleiht Stabilität, Dauer und Festigkeit. In unserem Körper manifestieren sich diese Eigenschaften im Gewebe, in den Knochen, den Zähnen und der Zellstruktur. Wasser ist in allem enthalten, was feucht ist, im Körper sind das Blut und Zellflüssigkeiten. Feuer zeigt sich in allem, was warm oder sauer ist und brennt. Im Körper kommt es in den Verdauungsenzymen und der Temperatur zum Ausdruck. Die bewegliche und dynamische Luft finden wir im Wind. Im Körper wirkt sich dieses Element in den inneren und äußeren Bewegungen und Handlungen aus. Der Äther ist der Raum, in dem sich alles ereignet.

Um gesund zu bleiben, müssen wir diese grundlegenden Energien erkennen. Da sie aber unsichtbar sind, betrachten wir stattdessen die ihnen innewohnenden Eigenschaften. Jedes Element besitzt charakteristische Qualitäten: Das Feuer ist »warm«, die Luft »trocken«, das Wasser »feucht« und die Erde »fest«. Doch gibt es etliche Differenzierungen (s. S. 12). Die Eigenschaften sind sichtbarer Ausdruck der Elemente.

Die Doshas

Im Körper zeigen sich die fünf Elemente (Luft, Äther, Feuer, Wasser und Erde) als biologische Konstitution. Sie werden in drei Lebensenergien, die Doshas, unterteilt.

 Das **Vata**-Dosha besteht aus Luft und Äther.

 Das **Pitta**-Dosha besteht aus Feuer und ein wenig Wasser.

 Das **Kapha**-Dosha besteht aus Erde und Wasser.

In jedem Menschen sind alle drei Doshas vorhanden. Zusammen sind sie für die Abläufe im Körper verantwortlich. Doch obwohl wir alle aus denselben Elementen bestehen, sind wir individuell verschieden. Die Doshas nämlich sind nur selten in jeweils gleichen Anteilen vorhanden. Jeder Mensch wird mit spezifischen Anteilen geboren. Diese Mischung macht uns zu dem Menschen, der wir sind und gibt uns unsere Konstitution, das Prakruti. Es spielt eine ähnliche Rolle wie die DNA und beruht auf dem Prakruti der Eltern sowie der Lebensweise und Ernährung der Mutter während der Schwangerschaft. Es bestimmt Aussehen, Temperament, Charakter, Schlaf und Verhalten.

Nur selten kommt es vor, dass jemand gleiche Anteile aller drei Doshas besitzt, meist herrschen eines oder zwei vor. Das dominante Dosha ist unser charakteristisches Dosha und zeigt uns, welches Element in unserem Körper von Natur aus stark vertreten ist. Ihm sollte besondere Aufmerksamkeit geschenkt werden. Jemand mit einem hohen Pitta-Anteil gilt als Pitta-Typ und muss dieses Dosha bei seiner Ernährung und Lebensweise kontrollieren. So sollte er lange Sonnenbäder oder scharfe, stark gewürzte Speisen meiden. Vergleichbare Vorgaben gibt es für die anderen Doshas. Die meisten von uns haben zwei dominante Doshas, z. B. Vata/Kapha oder Pitta/Kapha. Dabei steht das dominanteste an erster Stelle. Ganz selten findet man einen Drei-Dosha-Typ, bei dem alle drei Doshas gleich stark ausgeprägt sind.

Welcher Dosha-Typ sind Sie?

Mit folgendem Fragenkatalog können Sie Ihren Konstitutionstyp ermitteln. Da wir alle drei Doshas in uns tragen, werden Sie in allen drei Spalten Kreuzchen machen. Am Ende aber dominieren ein oder zwei Doshas.

Um Ihre angeborene Konstitution (Prakruti) herauszufinden, kreuzen Sie an, was am besten auf Sie zutrifft. Blicken Sie zunächst in die Kindheit zurück, als noch nichts Ihre Gewohnheiten und Verhaltensmuster beeinflusste. Dann beantworten Sie die Fragen nochmals im Hinblick auf Ihre heutige Person. Das zeigt Ihnen, wo ein Ungleichgewicht besteht. Berücksichtigen Sie dieses vor allem bei Ihrem Speiseplan. Benutzen Sie einen Bleistift, so können Sie Ihren Zustand immer wieder überprüfen.

	VATA	✓	PITTA	✓	KAPHA	✓
Körperbau	Groß oder klein mit wenig Körperfett und dünnen Muskeln		Mittelstark, mäßig entwickelt, gute Muskeln		Kurvenreich, großknochig, groß oder untersetzt, gut entwickelte Muskeln	✓
Gewicht	Leicht und meist dünn		Mittel, mehr oder weniger gleichbleibend		Neigung zu Gewichtszunahme	✓
Haare	Spröde, trocken und leicht wellig oder kraus		Dünn, weich, ergraut oder fällt frühzeitig aus		Dick, fettig, glänzend oder wellig	✓
Kopf und Gesicht	Klein, dünn und lang		Maßvoll, rotgesichtig, scharfe Konturen		Groß, ebenmäßig, rund, blass, sanfte Konturen	✓
Augen	Klein, trocken und anziehend		Mittelgroß und stechend		Groß und freundlich	✓
Hals	Dünn, groß		Mittelgroß	✓	Groß, dick	
Haut	Dünn, trocken und kühl, matter Teint		Warm, feucht, rosafarben, anfällig für Ausschläge	✓	Dick, glatt, feucht, fettig, weich	
Mund	Zahnlücken, zurückweichender Gaumen, Zähneknirschen		Neigung zu blutendem Gaumen, gelbe Zähne, oft Mundgeruch	✓	Kräftige, runde und gesunde Zähne und Gaumen	
Gestalt	Klein, dünn, trocken (z.B. Lippen)	✓	Mittelgroß		Groß, fest, samtig	
Hände und Füße (jeweils getrennt betrachtet)	Klein, dünn, trocken, kühl und rissig, unruhig	✓	Mittelgroß, warm, gesund		Groß, dick, kühl, fest	
Beine und Arme (jeweils getrennt betrachtet)	Dünn und klein, überlang oder sehr kurz, vorstehende Knie	✓	Mittelgroß		Groß, dick, gut entwickelte Arme, große oder gedrungene Beine	
Nägel	Spröde, schmal		Mittelgroß, weich	✓	Groß, weiß, hart	
Stimme	Tief, schwach, heiser		Hoch, gemäßigt, klar, gut	✓	Angenehme tiefe Stimme	
Körperkraft	Gering, wenig Ausdauer		Mittel		Groß, mit hoher Widerstandsfähigkeit	✓
Sprechweise	Unstet, begeisterungsfähig, schnell, lässt manchmal Wörter aus		Klar, scharf und gemessen, schlüssig	✓	Langsam, voll, klar, rhythmisch	

	 VATA	✓	 PITTA	✓	 KAPHA	✓
Persönlichkeit	Schwärmerisch, lebhaft, kreativ und fantasievoll	✓	Tüchtig und diszipliniert, analytisch, ehrgeizig, perfektionistisch, ordentlich		Liebt die Ruhe, geduldig, zufrieden, hilfsbereit, häuslich	
Soziales Verhalten	Manchmal scheu, kann aber sehr mitteilsam sein		Kontaktfreudig und selbstbewusst		Umgänglich, schließt leicht Freundschaften	✓
Charakter	Ist gern aktiv und rege		Organisiert und konzentriert		Langsam und systematisch	✓
Fähigkeit zu verzeihen	Verzeiht und vergisst leicht		Verzeihen fällt schwer	✓	Verzeiht schnell	
Aktivität	Schnell, unstet und fahrig		Mittel, motiviert, konkurrierend, konzentriert	✓	Langsam, gemessen, überlegt, mag Routine	
Sexualität und Zeugungsfähigkeit	Wechselhaft, wenig Ausdauer und geringe Fruchtbarkeit		Moderat, leidenschaftlich, dominierend		Schwaches, aber anhaltendes Begehren, gute Fruchtbarkeit	✓
Immunsystem	Wechselhaft, schwach		Mittelstark, Neigung zu Infektionen		Stark	✓
Erkrankungen	Nervensystem, Arthritis, starke Stresssymptome, Schwäche, Schmerzen		Hautausschlag, Entzündungen, Infektionen, Fieber, Übersäuerung, Sodbrennen		Bronchitis, Asthma, Allergien, Verstopfung, Fettleibigkeit, hohes Cholesterin	✓
Schweiß	Leicht und geruchlos		Viel und stark riechend	✓	Mäßig, kalt und schwacher Geruch	
Stuhlgang	Trocken, Neigung zu Verstopfung und Blähungen	✓	Regelmäßig und locker, gelblich, Neigung zu Durchfall		Regelmäßig, fest und geformt	
Appetit	Wechselhaft und unregelmäßig, manchmal groß, mäßiger Durst		Stark und drängend, braucht viel Nahrung, lässt selten eine Mahlzeit aus, starker Durst	✓	Konstant, braucht nicht viel, hat aber oft ein Verlangen nach Essen, nicht viel Durst	
Gedächtnis und Lernen	Begreift schnell, wenn konzentriert, gutes Kurzzeitgedächtnis, vergisst aber schnell	✓	Mäßig rasche Auffassungsgabe, sehr gutes Gedächtnis, vergisst selten etwas		Braucht Zeit, um etwas zu begreifen, vergisst es dann aber nicht mehr	
Schlaf	Leicht, unruhig; wacht früh auf; viele starke Träume		Mäßig, aber gut		Tief, Schwierigkeiten, am Morgen aufzustehen	✓
Erregbarkeit	Regt sich leicht auf, beruhigt sich aber auch schnell wieder		Regt sich rasch auf, anhaltend	✓	Gering	
Gefühle bei Stress	Neigung zu Angst, Sorge, Furcht, Nervosität		Neigung zu Zorn und Ärger, Eifersucht		Neigung zu Depressionen und Anhänglichkeit, Mangel an Motivation, Selbstmitleid, Gier	✓
Geld	Gibt Geld impulsiv aus	✓	Gibt es überlegt aus, liebt Luxus und Feinschmeckergerichte		Gibt nur widerwillig Geld aus, sparsam, hat aber viel übrig für Essen, Unterhaltung und Eigentum	
Gang	Schnell und unstet		Schnell, aber stetig		Langsam und stetig	✓
Berufe	Künstler, Philosoph, kommunikative und organisatorische Tätigkeiten, Model, Schauspieler		Führungspersönlichkeit, Broker, selbstständig, Analytiker, Politiker, Pädagoge		Erzieher, Pflegeberufe, Köche, selbständige Tätigkeiten	✓
Mentaler Charakter	Schnell, flexibel, aber unentschlossen		Intelligent, kritisch, entschlussfreudig, liebt Logik und klare Strukturen	✓	Langsam, stetig, vernünftig	
Religion	Unstet, wechselnd	✓	Ernsthaft, fanatisch		Beständig, treu, konservativ	
Freizeitverhalten	Liebt Geschwindigkeit, Reisen, Tanzen, Theater, Parks, künstlerische Tätigkeiten		Wettkampfsport, Politik, Debattieren, Forschen, Jagen		Blumen, segeln, zum Essen ausgehen oder kochen, Kino, lesen	✓
GESAMT		8		12		16

DIE DOSHAS

Die Eigenschaften der Doshas

Um unsere Gesundheit mithilfe der Elemente zu erhalten, müssen wir lernen, sie im Alltag zu erkennen. Das ist aufgrund der ihnen innewohnenden Eigenschaften möglich. Im Körper zeigen sie sich auf physischer, mentaler und emotionaler Ebene.

Das Vata-Dosha

Das Pitta-Dosha

Das Kapha-Dosha

Vata besitzt die Eigenschaften der Elemente Luft und Äther: leicht, trocken, rau, klar, aktiv und kalt. Wenn Sie ein Vata-Typ sind, haben Sie vermutlich ebenfalls diese Eigenschaften: einen leichten Körperbau, wenig Körperfett, einen leichten Schlaf, trockene bis raue Haut und Haare, Sie sind sehr aktiv und haben einen klaren Blick. Dies sind nur einfache Beispiele, aber die Eigenschaften betreffen alle Teile unseres Körpers und unserer Persönlichkeit. Im Körper bestimmt Vata alle Bewegungen, auch das Atmen, den Lidschlag und den Blutkreislauf. Andere Vata-Phänomene sind z. B. der Herbst, Kekse und Sport.

Seine Eigenschaften sind die von Feuer und ein wenig Wasser: heiß, leicht dickflüssig, scharf, brennend, durchdringend und sauer. Pitta wird häufig mit Benzin verglichen, ebenfalls flüssig und entzündbar, jedoch nicht die Flamme selbst. Der Pitta-Typ ist leicht erregbar, hat einen scharfen, durchdringenden Verstand, eine entsprechende Redeweise und ein starkes Verdauungssystem. Pitta bestimmt unsere Körpertemperatur, den Säurestatus und die Enzyme, die der Verdauung von Nahrung und Informationen dienen. Pitta-Phänomene sind nicht zuletzt auch der Sommer, Chilischoten und Essig.

Die Kapha-Eigenschaften sind auch die von Erde und Wasser: schwer, beständig, kalt, sanft, langsam, weich, ölig und feucht. Bestehend aus den Elementen Wasser und Erde, bestimmt es im Körper alle Gewebe, die Organe und die Zellflüssigkeiten. Der Kapha-Typ hat meist einen schweren Körperbau und einen festen Charakter. Übermäßigen Aktivitäten und Veränderungen gegenüber ist er eher abgeneigt. Er hat eine glatte, weiche und fettige Haut und gesundes dickes Haar. Andere Phänomene, bei denen Kapha vorherrscht sind z. B. der Winter, Eiscreme und eine sitzende Tätigkeit.

Gleichgewicht und Gesundheit

Dosha bedeutet »Störung«, ein zutreffender Begriff, denn er weist auf ein Übermaß eines oder zweier Elemente in unserem Körper hin. Wenn sie nicht eingedämmt werden, führen sie zu einem Ungleichgewicht und auf Dauer zu Krankheit. Gesundheit erlangen wir also, wenn wir unsere Doshas immer im Gleichgewicht halten.

Wenn unsere Doshas im Gleichgewicht sind – egal, ob wir von Natur aus ein Pitta-, Kapha- oder Vata-Typ sind –, befindet sich unser Selbst in seiner besten Form. Vielleicht haben wir unsere Marotten und Probleme, aber wir sind gesund und glücklich. Nimmt hingegen unser dominantes Dosha zu, entwickelt sich unser Selbst ins Extreme und gerät ins Ungleichgewicht. Ein aktiver Vata-Mensch wird dann vielleicht unruhig, zerstreut und hyperaktiv. Der Kapha-Typ, der langsam und bedächtig ist, könnte faul, inaktiv oder depremiert werden. Der kritische, gut organisierte Pitta-Typ wird eventuell einen Kontrollzwang entwickeln und dominant werden.

Ein Ungleichgewicht der anderen (nicht dominanten) Doshas wird hingegen als Vikriti bezeichnet. Hierzu kommt es häufig nach einer bewussten Veränderung des natürlichen oder normalen Lebensstils. Ein Pitta- oder Kapha-Mensch beispielsweise, der eine Diät und Gymnastik macht, um abzunehmen, steigert das Vata-Dosha in sich. Er nimmt also die Haupteigenschaften von Vata auf: Leichtigkeit von Nahrung und Körper sowie Aktivität. Diese Steigerung kann zu einem Vata-Ungleichgewicht und schließlich zu verschiedenen Gesundheitsproblemen führen. Unabhängig vom eigenen Dosha muss jedes akute Ungleichgewicht angegangen und korrigiert werden.

Eine lang anhaltende Disharmonie unserer Doshas verursacht Krankheit. Daher ist es wichtig, die eigenen Doshas zu kennen. Der Fragenkatalog auf den Seiten 10–11 hilft Ihnen dabei, herauszufinden, welches Dosha bei Ihnen dominiert. Ich empfehle, den Fragebogen zweimal auszufüllen: Zuerst mit Blick auf Ihre natürliche Konstitution, auf die Person also, die Sie im ursprünglichsten Zustand waren. (Ich denke dabei immer an meine Kindheit vor jeder äußeren Prägung). Dann nochmals mit Blick auf die Person, die Sie heute sind. So können Sie Ihr Vikriti oder Ihr gegenwärtiges Ungleichgewicht am besten bestimmen.

> »Die natürlichen Kräfte in uns sind die wahren Heiler von Krankheiten.« (Hippokrates)

Der Körper im Ayurveda

Nach Ayurveda besteht der menschliche Körper aus sieben Gewebearten: Plasma, Blut, Muskeln, Fett, Knochen, Knochenmark sowie Nerven- und Fortpflanzungsgewebe. Sie werden durch ein komplexes Netz von Kanälen mit Nahrung versorgt. Ein weiteres feines Netz transportiert das Prana, die Lebenskraft, durch den Körper. Außerdem gibt es sieben Energiezentren, die Chakras. Sie beginnen am unteren Ende des Rückgrats und reichen bis zur Schädeldecke.

Daneben verfügt unser Körper über das Verdauungs- und Stoffwechselsystem Agni. Es zerlegt die aufgenommenen Nahrungsmittel in die einzelnen Nährstoffe. Diese wiederum nähren der Reihe nach von außen nach innen die sieben Gewebe. Wie auf konzentrischen Kreisen liegt dabei das Plasma ganz außen und die Fortpflanzungsgewebe ganz innen. Sind alle Gewebe versorgt, werden die Nährstoffe verfeinert, wobei Nebenprodukte wie Haare oder Nägel entstehen. Der Verfeinerungsprozess wiederholt sich sieben Mal (bei jedem Gewebe einmal), sodass es sieben Nebenprodukte gibt. Zuletzt bleibt das Ojas übrig, gewissermaßen die Glücks- oder Segensenergie, die das Immunsystem stärkt.

Agni – das Verdauungsfeuer

Agni bedeutet »Feuer« und bezeichnet sowohl die Verdauung als auch den Stoffwechsel. Leider schenken wir unserem Verdauungssystem oft zu wenig Aufmerksamkeit. Für uns ist es selbstverständlich, dass es funktioniert und gesund ist. Bei Verdauungsstörungen, Blähungen oder Sodbrennen nehmen wir lieber eine Tablette, um die Symptome zu beheben, statt nach den tieferen Ursachen zu suchen. Für ayurvedische Ärzte hingegen ist ein gesundes, gut funktionierendes Agni der Schlüssel zu Gesundheit und Wohlbefinden.

Das ungesunde Agni

Wer ein gesundes Verdauungssystem besitzt, hat eine gute Verdauung und Durchblutung, einen strahlenden Teint und ein hohes Maß an Energie und Abwehrkräften. Bei einem schwachen Agni dagegen wird die Nahrung nicht richtig verdaut und Teile der Speisen bleiben im Darm zurück. So werden nicht alle Nährstoffe aufgenommen. Zudem produziert die unzureichend verdaute Nahrung im Darm Gift- und Schlackstoffe – Ama.

Ama ist von Natur aus beharrlich und staut sich zunächst im Darm an. Auf lange Sicht jedoch belasten diese Stoffwechselgifte auch den übrigen Körper. Sie verstopfen die Därme, das Lymphsystem, die Atemwege und Arterien und natürlich auch die feineren Kanäle für die Körperenergie. Dies kann eine Hormonstörung und Gewichtszunahme bewirken. Meist wird ein ohnehin schon schwacher Bereich des Körpers, wie ein Organ oder Knochen, belastet. Das kann zu schweren Erkrankungen führen.

Ama gilt im Ayurveda als die Ursache jeglicher Krankheit. Wenn Sie glauben, sie sei die Ursache Ihrer Beschwerden, lesen Sie das Kapitel über Entgiftung (s. S. 46).

Egal, ob Ihr Agni stark, schwankend oder schwach ist, Sie müssen dafür sorgen, dass es gesund bleibt.

Zu den Symptomen einer Ama-Konzentration gehören:
- ein Gefühl der Schwere, Lethargie und Trägheit
- Beeinträchtigung der geistigen Klarheit, sodass man sich unkonzentriert oder diffus fühlt
- das Gefühl, aufgeschwemmt zu sein, Blähungen
- Schmerzen und Steifheit in Hüfte und Rücken
- ein übler Geruch von Atem, Schweiß und Ausscheidungen
- eine belegte Zunge am Morgen sowie ein klebriger, süßer Geschmack im Mund
- das Gefühl, »seinen Schwung verloren zu haben«

Agni und die Doshas

Kein Agni eines Menschen, selbst eines gesunden, gleicht in seiner Wirkung dem eines anderen. Das jeweilige Dosha beeinflusst das Agni.

- Bei Pitta erhöht das Element Feuer die Hitze des Agni. Der Pitta-Körpertyp besitzt von Natur aus eine gute Verdauung und einen aktiven Stoffwechsel. Im ausgeglichenen Zustand ist er stark, gesund und schlank. Ein unausgeglichener Pitta-Mensch neigt zu Übersäuerung, Gastritis, Sodbrennen und Durchfall.

- Überschüssiges Vata wirkt auf das Agni wie Wind auf Feuer: Manchmal ist es ruhig und die Flamme brennt gut, manchmal bringt es die Flamme zum Flackern und sie brennt ungleichmäßig. Der Vata-Körpertyp hat ein unregelmäßiges Verdauungssystem. Er sollte deshalb leicht verdauliche Speisen zu sich nehmen, um es nicht zu sehr zu belasten. Ein unausgeglichener Vata-Mensch neigt zu unregelmäßigem Appetit, Verdauungsstörungen und Blähungen.

- Auch Erde und Wasser wirken auf das Agni wie auf ein echtes Feuer. Sie dämpfen es, sodass es nur noch mit verminderter Intensität brennt. Ein schwaches Agni ist der Hauptgrund, warum Kapha-Menschen zu Gewichtszunahme neigen. Ihr Stoffwechsel ist langsam. Ein unausgeglichener Kapha-Typ fühlt sich meist träge und langsam, schwer und verstopft.

Das Agni gesund halten

Zu viel oder unregelmäßig essen, zu schwer verdauliche oder stark industriell verarbeitete Gerichte – eine Ernährungsweise, die Ihr Verdauungssystem anhaltend belastet, wird es am Ende schwächen.

- Essen Sie gemäß Ihres Körpertyps (s. S. 26, 32 und 38).

- Essen Sie nur, wenn Sie Ihre letzte Mahlzeit wirklich vollständig verdaut haben. Das können Sie einfach, aber effektiv überprüfen, indem Sie ein Glas heißes Wasser trinken. Müssen Sie danach aufstoßen (natürlich unbeobachtet) und riecht der Atem nach Essen, befindet sich noch unverdaute Nahrung im Magen.

- Essen Sie jeden Tag zu festen Zeiten. Wenn Sie keinen Hunger haben, verschieben Sie es ein wenig. Grundsätzlich sollten Sie sich aber an einen regelmäßigen Ablauf halten.

- Lassen Sie keine Mahlzeiten ausfallen und essen Sie nicht zu wenig. Unregelmäßiges Essen schwächt das Agni, wie auch die Jo-Jo-Diäten zeigen, die den Stoffwechsel verlangsamen.

- Essen Sie in Ruhe und ohne große Ablenkung. In gestresster oder deprimierter Stimmung, mit Ärger im Bauch oder in Eile zu essen, hemmt oder belastet die Verdauung.

Am besten konzentrieren Sie sich auf das, was Sie essen.

- Meiden Sie stark gewürzte Speisen, schweres Essen, Milchprodukte und Alkohol. Sie stören die Verdauung.

- Essen Sie nicht über den Hunger hinaus (auch nicht gesunde Speisen), da es das Agni überlastet. Für eine gute Verdauung isst man sich idealerweise nur zu 50 Prozent satt.

- Machen Sie es wie die Chinesen und trinken Sie zum Essen nur Kräutertee oder Wasser in kleinen Schlucken. Trinken Sie 30 Minuten vor und 1 Stunde nach einer Mahlzeit kein Wasser mehr, da es die Magensäure verdünnt.

- Trinken Sie tagsüber heißes Wasser, Kräuter- oder Gewürztees, da sie das Agni stärken.

- Rohkost ist schwerer verdaulich als Gekochtes. Nehmen Sie deshalb vorwiegend gegarte Speisen zu sich. (Dies gilt nicht für Pitta-Typen mit ihrem starken Verdauungssystem.)

- Schwangerschaft, Menstruation, Menopause und Medikamente – sie alle wirken sich auf das Agni aus. In diesen Fällen sollten Sie Ihrem Verdauungssystem den Gefallen tun und leichte Gerichte zu sich nehmen.

- Moderate Gymnastik stärkt das Verdauungssystem.

Die Zusammensetzung der Speisen

Nach der ayurvedischen Ernährungslehre sind für verschiedene Nahrungsmittel oft verschiedene Verdauungsenzyme notwendig. Deshalb passen bestimmte Speisen im Magen nicht gut zueinander. Meiden Sie vor allem folgende Kombinationen:

- Mischen Sie Milch nicht mit sauren Zutaten wie Tomaten, Joghurt und sauren Früchten (also keine Himbeer-Milchshakes mehr).

- Verzehren Sie frisches Obst getrennt von anderen Speisen, da es in Kombination mit anderen Nahrungsmitteln nicht richtig verdaut wird. Dies gilt nicht für getrocknete oder gekochte Früchte.

- Vermeiden Sie es, verschiedene Proteine in einem Gericht zu kombinieren, zum Beispiel Fisch und Käse oder Fleisch und Bohnen. Proteine sind generell schwer verdaulich, gleich zwei davon in einer Mahlzeit überfordern schnell das Agni.

- Der Mensch verdaut die verschiedenen Geschmacksrichtungen in der Reihenfolge süß, salzig, sauer, scharf, bitter und herb. Werden sie alle zusammen in einem Gericht kombiniert, verdaut der Körper sie nacheinander, und alles ist in Ordnung. Wenn Sie jedoch eine Viertelstunde nach einer Mahlzeit ein Dessert essen, muss das Verdauungssystem wieder von vorn anfangen. Das kann Agni überlasten. Ein kleines Dessert gelegentlich ist in Ordnung, wenn sie entsprechend weniger zu Mittag essen. Gegen den Heißhunger am Nachmittag hilft ein süßer Snack.

Ich weiß, dass das für den Anfang ein bisschen viel ist. Doch je mehr Sie sich daran halten, desto besser werden Sie sich fühlen, und zuletzt werden Sie nach diesem Wohlbefinden lechzen. Treten Sie in Kontakt mit Ihren Verdauungsorganen und pflegen Sie sie. Essen Sie nur, wenn Sie hungrig sind.

Ausgeglichene und unausgeglichene Doshas

	Vata	Pitta	Kapha
Eigenschaften	Leicht, trocken, rau, klar, aktiv, kühl	Heiß, dickflüssig, scharf, brennend, stechend, säuerlich	Schwer, fest, kühl, glatt, langsam, weich, ölig, klebrig, feucht
Im Gleichgewicht	Zufrieden, kraftvoll, lebendig, begeisterungsfähig, klarer und aktiver Geist, kreativ	Zufrieden, glücklich, liebt Herausforderungen und Auseinandersetzungen, scharfer Verstand und hohe Konzentrationsfähigkeit, guter Redner, kühn, geistreich, intellektuell, starke Verdauung, strahlendes Aussehen	Familienorientiert, zugewandt, liebevoll, loyal, mitfühlend, nachsichtig, gefestigt, entspannt, langsam und systematisch, gutes Gedächtnis, starke Ausdauer
Im Ungleichgewicht	Gewichtsverlust, Hyperaktivität und Rastlosigkeit, unruhiger Schlaf, körperliche Erschöpfung und Schwäche, ängstlich, sehr vital, schlechtes Gedächtnis	Aggressiv, konkurrierend, kritisch, fordernd, perfektionistisch, leicht verärgert, gereizt und ungeduldig, frühes Ergrauen der Haare oder Haarausfall	Träge und passiv, schwerfällig, fettige Haut, langsame Verdauung, lethargisch, besitzergreifend, übermäßig anhänglich, Neigung, zu viel zu schlafen, Tendenz zu Übergewicht.
Verschlimmernde Faktoren	Hyperaktivität, Schlafmangel, Stress, ein Übermaß an bitteren, herben und scharfen Speisen, zu wenig Nahrungszufuhr oder unregelmäßiges Essen, unregelmäßige Lebensweise, zu viel Sport, Reisen und Anregungen. Auch Herbstwetter kann zu einem leichten Vata-Ungleichgewicht führen.	Stress, langer Aufenthalt in Hitze, übermäßiger Alkoholkonsum, Rauchen, Auslassen von Mahlzeiten, extrem scharfes, saures oder salziges Essen, heißes Sommerwetter oder überhitzte Räume	Zu viel Schlaf und Mangel an Aktivität, Überessen, Essstörungen, im Trott lebend und Mangel an neuen Erfahrungen, Verzehr von zu vielen süßen, sauren oder salzigen Speisen oder kaltes, feuchtes Wetter können ein geringfügiges Kapha-Ungleichgewicht hervorrufen.

Ernährung nach Ayurveda

Im Ayurveda gilt Essen als nährend, ausgleichend und heilend. Die Nahrung ist einer der wenigen Parameter unserer Gesundheit, die wir selbst kontrollieren können. Deshalb ist es entscheidend, zu wissen, was wir essen. In unseren Nahrungsmitteln finden wir dieselben fünf Elemente wie im Körper: Wasser, Erde, Luft, Feuer und Äther. Wenn wir sie erkennen, können wir Zutaten wählen, die unsere Doshas ausgleichen, und solche meiden, die zum Ungleichgewicht führen. Im Körper werden die Elemente zu Doshas, in der Nahrung sind sie als Geschmack erkennnbar. Es gibt sechs Geschmacksrichtungen, die – wie die Doshas – unterschiedliche Funktionen erfüllen.

Süß

Süße findet sich in Fetten, Fleisch, Getreide, stärkehaltigem Gemüse, Obst, Milch, Hülsenfrüchten und Nüssen. Diese Nahrungsmittel sollten die Basis unserer Ernährung bilden, denn Süße ist der Baustoff für die Körpergewebe, erhöht die Kraft, stärkt das Immunsystem, erdet und macht glücklich. Diese Geschmacksrichtung ist besonders gut für Vata, aber auch für Pitta. Kapha-Typen sollten vorsichtig sein, da sie diese Elemente in sich tragen. Ein Übermaß an Süße kann zu Übergewicht, Verstopfung und Schleimbildung führen.

Sauer

Maßvoll verzehrt, nähren saure Speisen alle Gewebe bis auf das Fortpflanzungsgewebe (nur Joghurt ist auch diesem Gewebe förderlich), regen die Verdauung an, sind herzstärkend und schärfen die Sinne. Zu den sauren Nahrungsmitteln gehören Essig, Tamarinde, Tomaten, Joghurt, gelbe Käsesorten, Alkohol, Essiggemüse und saure Früchte. Sie können Pitta leicht aus der Balance bringen und sollten deshalb von diesem Körpertyp gemieden werden. Ein Übermaß macht Kapha schwer. Saures eignet sich dagegen gut zum Ausgleichen des Vata.

Bitter

Bittere Nahrungsmittel wirken reinigend und entgiftend, fördern den Appetit und die Verdauung, eignen sich gut zum Abnehmen und halten die Haut straff. Sie finden sich in vielen Kräutern, grünen Gemüsen wie Kohl oder Chicorée, in Früchten wie Grapefruit, in Koffein und Gewürzen wie Bockshornklee und Kurkuma. Bittere Nahrungsmittel immer nur in kleinen Mengen essen, da sie sehr stark sind. Sie eignen sich hervorragend zum Ausgleich von Kapha und Pitta, sollten von Vata-Typen aber nur sparsam verwendet werden.

Salzig

In Maßen genossen, verbessert Salziges die Verdauung, macht die Gewebe geschmeidig und beruhigt die Nerven. Zu viel Salz in der Ernährung kann zu Übersäuerung und Trockenheit von Haut und Haar führen – und damit zu Falten, Haarausfall und hohem Blutdruck. Diese Geschmacksrichtung ist gut für Vata-Typen, fördert aber, da sie erhitzt, das Pitta, und da sie schwer und feucht ist, das Kapha. Salz erscheint in Form von Meer- und Steinsalz, Algen und Sojasauce. Im Ayurveda wird Steinsalz bevorzugt.

Herb

Diese Geschmacksrichtung ist weniger Geschmack als Wirkung: Der Mund zieht sich zusammen und fühlt sich trocken an. Herb sind Gerbstoffe (Tee, Rotwein), viele grüne Gemüse (z.B. Brokkoli, Blumenkohl, Artischocken, Spargel), Preiselbeeren, Granatäpfel, Birnen und Äpfel in gewissem Maß, ebenso Bohnen und Linsen. Über sechs Monate alter Honig ist ebenfalls herb. Zu viele dieser Nahrungsmittel können zu einem Vata-Ungleichgewicht führen, sie sind aber sehr gut für Kapha und Pitta.

Scharf

Scharfe Speisen regen an, vermindern Blähungen und Entzündungen, stärken Agni, die Verbrennung von Ama, reinigen die Nebenhöhlen, helfen bei Fettleibigkeit, Diabetes und hohem Cholesterin und fördern den Kreislauf. Rohe Zwiebeln und Knoblauch, Chilischoten, Ingwer, Rettich, Rucola und starke Gewürze haben einen scharfen Geschmack, sollten aber nur in kleinen Mengen verzehrt werden. Schärfe ist gut für den Kapha-Typ. Mit Ausnahme der Gewürze ist diese Geschmacksrichtung nicht geeignet für Vata. Der Pitta-Typ sollte nur milde Gewürze verwenden.

Geschmacks-richtung	Elemente	Eigenschaften	Vata	Pitta	Kapha
Süß	Erde und Wasser	Kühl, befeuchtend, schwer	abnehmend	abnehmend	Stark ansteigend
Sauer	Feuer und Erde	Heiß, etwas schwer und ein wenig feucht	abnehmend	stark ansteigend	ansteigend
Salzig	Wasser und Feuer	Heiß, schwer, feucht	abnehmend	ansteigend	ansteigend
Bitter	Luft und Äther	Kühl, leicht, trocknend	ansteigend	abnehmend	stark abnehmend
Scharf	Feuer und Luft	Sehr heiß, leicht, stark austrocknend	leicht ansteigend	stark ansteigend	stark abnehmend
Herb	Erde und Luft	Kühl, schwer und leicht austrocknend	ansteigend	abnehmend	abnehmend

Wenn wir bei unserer täglichen Ernährung alle sechs Geschmacksrichtungen berücksichtigen und möglichst verschiedene Nahrungsmittel zu uns nehmen, stillen wir die Bedürfnisse unseres Körpers nach Energie, und er wird gut funktionieren. Aber wir müssen vorsichtig mit den Geschmacksrichtungen umgehen, da sie dieselben dominanten Elemente haben wie wir selbst oder unser gegenwärtiges Ungleichgewicht. Schwere Krankheiten entstehen nicht über Nacht, sondern durch jahrelange falsche Ernährung. Da die meisten Menschen immer dasselbe essen, riskieren sie ein Ungleichgewicht.

Nahrung und Geist

Ayurveda zufolge spaltet sich unsere Nahrung im Körper in drei Teile: Der Großteil ist Abfall, der ausgeschieden wird, ein kleinerer Teil enthält die Nährstoffe, und übrig bleiben die feinen Energieströme, die unserer Persönlichkeit ausmachen. Sie werden auch als Doshas des Geistes bezeichnet, obwohl es dabei mehr um die Seele geht. Man unterscheidet drei Energieströme (Gunas).

Rajas – *Anregung, Aktivität, Leidenschaft, Kreativität*

Scharfe, saure und salzige Geschmacksrichtungen sind rajasisch. Raja-Gerichte sind anregend, spenden Energie, führen aber im Übermaß zu Aggression und Rivalität. Leider ist herzhaftes Essen rajasisch, z. B. schweres, salziges Brot, koffeinhaltige Getränke, geröstete Nüsse, gebratene Speisen und herbe Gemüse. Alle Fleischarten und Alkohol sind, in geringen Mengen konsumiert, rajasisch, im Übermaß verzehrt jedoch tamasisch (siehe rechts). Eine geringe Menge Alkohol beispielsweise regt an, zu viel davon führt zu Depression und Trägheit. Rajasische Gerichte sollten nur in Maßen gegessen werden.

Tamas – *Mattheit, Trägheit, Schwere, Dunkelheit und Unbeweglichkeit*

Tamasische Nahrungsmittel können zu Verwirrung, Pessimismus, Gier, Mattheit und Lethargie führen. Zu dieser Kategorie gehören konservierte Speisen und Tiefkühlkost, Milchpulver oder industriell verarbeitete Nahrungsmittel. Auch Mikrowellengerichte, verdorbene Lebensmittel, Frittiertes, Pilze, große Mengen Alkohol, Fleisch und Medikamente sind tamasisch und sollten gemieden werden.

Sattva – *Klarheit, Frieden und Glück*

Eine sattvische Ernährung hält den Geist klar und rein und schenkt Gesundheit, Frieden und Zufriedenheit. Nahrung dieser Kategorie ist bekömmlich und leicht. Sie wird in kleinen Mengen zubereitet und verzehrt. Sattvisch sind Vollkorn, kleine Linsen, Milch, Ghee, die meisten Gemüsearten, Obst und rohe Nüsse.

Die westliche Ernährungsweise

Wir bemühen uns, immer besser und gesünder zu essen. Aber weiß wirklich jeder, wie schädlich eine dauerhaft falsche Ernährung sein kann? Der Speiseplan der westlichen Welt ist häufig angefüllt mit industriell hergestellter, mehrfach verarbeiteter Fertignahrung und Schnellgerichten, die meist süß, salzig und sauer sind. Auch bei selbst gekochten Gerichten vermeiden wir meist scharfe, bittere und herbe zugunsten angenehmer Geschmacksrichtungen. Bei Stress greifen wir instinktiv zu Snacks mit raffiniertem Zucker, um unsere Nerven zu beruhigen, oder Alkohol. Ein Cocktail schmeckt süß, aber Alkohol ist immer sauer.

Diese geschmackliche Unausgewogenheit führt zusammen mit unserer sitzenden Lebensweise häufig zu Kapha-Ungleichgewicht mit Symptomen wie Fettleibigkeit, Diabetes, Asthma und Herzerkrankungen. Außerdem konsumieren wir viele rajasische und tamasische Speisen und Getränke, was sich in Aggressivität, Rivalität, Unzufriedenheit und Depression äußert.

> »Jeder Mensch ist selbst der Urheber seiner Gesundheit oder Krankheit.« (Buddha)

Frische, bekömmliche Gerichte, die scharfe, bittere und herbe Geschmacksrichtungen enthalten, wie etwa ein schlichtes Essen aus Reis, gewürzten Bohnen und Grüngemüse, stellen rasch das Gleichgewicht wieder her. Sie wirken reinigend und entgiftend. An Kindern lässt sich beobachten, was geschieht, wenn sie von Tiefkühlkost zur Ernährung mit frisch zubereiteten Gerichten wechseln. Konzentration und Stimmung verbessern sich. Kein Wunder: Der Körper zieht alles, was er braucht, aus der Nahrung. Entsprechend rächt sich mangelhafte Ernährung.

Der Weg zur Ayurveda-Ernährung

Machen Sie sich bewusst, dass das, was Sie essen, genauso wichtig ist wie die Fähigkeit, zu verdauen und Nährstoffe aufzunehmen. Im Ayurveda wird ebenso großer Wert auf die Nahrung gelegt wie auf eine gute Verdauung. Hier kurz zusammengefasst praktikable Grundsätze für eine möglichst nährstoffreiche und gesunde Ernährung.

- Ihr Körper ist Ihr Tempel. Wählen Sie nach Möglichkeit Nahrungsmittel, die naturbelassen, biologisch, frei von Konservierungsmitteln und chemischen Zusatz- oder Süßstoffen sind. Essen Sie weniger industriell hergestellte Gerichte, Konserven und Tiefkühlkost. Versuchen Sie nach den Jahreszeiten zu essen: Wärmendes im Winter, Kühlendes im Sommer.

- Essen Sie zu festen Zeiten. Unregelmäßige Mahlzeiten schwächen Verdauung und Stoffwechsel. Das Verdauungssystem arbeitet am besten zur Mittagszeit, dann sollten Sie Ihre Hauptmahlzeit einnehmen.

- Essen Sie möglichst einfache Gerichte mit wenigen Zutaten. Je vielfältiger ein Gericht, desto schwerer verarbeitet es der Körper.

- Essen Sie erst dann, wenn Sie ihre letzte Mahlzeit verdaut haben (s. S. 15).

- Essen über den Hunger hinaus überlastet Ihr Verdauungssystem und erzeugt Ama. Für eine effiziente Verdauung nur zur Hälfte satt essen.

- Im Stress, zwischen Tür und Angel oder in nervösem Zustand zu essen hemmt die Verdauung, ebenso übermäßiges Trinken und kalte Getränke.

- Verzehren Sie frisches Obst nur getrennt von anderen Nahrungsmitteln. Kleine Mengen eingeweichte Trockenfrüchte und Kompott können Sie auch mit anderen Speisen kombinieren.

- Trinken Sie Milch nur getrennt von anderen Speisen, vorzugsweise warm und leicht gewürzt. Sie kann auch mit Getreide zu Haferbrei oder Reispudding kombiniert werden. Wenn Sie zu einer Mahlzeit Milch trinken, sollten Sie saure Nahrungsmittel meiden.

- Verzichten Sie nach 17 Uhr auf saure Speisen wie Joghurt, Käse und saure Früchte.

- Achten Sie darauf, nur Nahrungsmittel zu essen, die gut für Ihren Körpertyp sind und alle sechs Geschmacksrichtungen enthalten, in Mengen, die Ihrem Dosha entsprechen.

Das Vata-Dosha

Menschen mit Vata-Konstitution können sich einer beneidenswert schlanken Figur erfreuen – sie sind die geborenen Models! Sie sind liebenswert, kreativ, empfindsam und freundlich, sie singen und tanzen gern, sind künstlerisch veranlagt und aktiv. Ihr Leben ist stets ausgefüllt. Die charakteristischen Eigenschaften des gesunden Vata Typs sind:

- Von Natur aus schlank, häufig von kleiner Gestalt mit einem hervortretenden Schlüsselbein, zarten Armen und leicht vorspringenden Knochen.

- Voller Lebensfreude, schwungvoll und mit lebhafter Sprechweise.

- Immer in Bewegung, schneller Gang, häufig auch ziellos.

- Anpassungsfähig und flexibel wie der Wind, allerdings gelegentlich ein wenig unentschieden.

- Heiter, aber in neuer Umgebung manchmal auch scheu.

- Körperliche Tendenz zu Trockenheit, häufig sprödes, aber volles, dickes Haar.

- Schneller Denker, lernt rasch, aber mit der Tendenz, schnell wieder zu vergessen.

- Häufig intuitiv.

- Hohes Arbeitsethos, hervorragend geeignet als Angestellter, da zu harter Arbeit fähig. Erledigt Aufgaben pünktlich – sofern er nicht abgelenkt wird. Entschlossen und vertrauenswürdig.

- Kreativ, empfindsam und phantasievoll.

- Gibt bedenkenlos Geld aus, um es sich gutgehen zu lassen, aber auch für alle möglichen Dinge, die ihm gerade in den Sinn kommen. Hat zugleich Angst, das Geld könnte vor der nächsten Gehaltszahlung ausgehen.

- Hat einen leichten Schlaf und oft beeindruckende Träume (z. B. vom Fliegen).

- Liebt Wärme und hat ein starkes Empfinden für Kälte. Oft kalte Hände und Füße.

- Gewichtszunahme zeigt sich meist um die Hüften.

Der ausgeglichene Vata-Typ ist lebensfroh, reist gern, liebt Schnelligkeit, künstlerische Aktivitäten und kreative Erzählformen wie Theaterstücke und Romane.

Vata im Ungleichgewicht

Im Ayurveda gilt der Grundsatz: Gleiches zieht Gleiches an. Eine Lebens- und Ernährungsweise, in der die kalten, leichten, trockenen und aktiven Eigenschaften von Vata verstärkt werden, erhöht auch dessen Anteil im Körper. Eine angeborene Vata-Konstitution bedeutet nicht zugleich auch Vata-Ungleichgewicht. Dieses Ungleichgewicht kann aber bei jedem mit mangelhafter Ernährungs- und Lebensweise auftreten. Eine oder die Kombination folgender Verhaltensweisen kann zu einem Ungleichgewicht führen:

- Zu wenig oder unregelmäßiges Essen lässt Vata ansteigen.

- Anhaltender Stress, Angst.

- Überaktivität, zu viel Sport, zu wenig Schlaf oder exzessives Reisen.

- Dauernder Verzehr von Speisen mit trockenen, kühlen Eigenschaften wie Salate, rohes Gemüse, Kekse oder »blähende« Nahrungsmittel.

- Ab 60 steigt Vata an, was vermehrt zu Osteoporose, Hautfalten und brüchigem Haar führt.

- Trockenes, kaltes Wetter und Wind verstärken ein Vata-Ungleichgewicht.

- Nach einer Geburt ist das Vata der Mutter im Ungleichgewicht und ihr Gewebe erschlafft. In Indien essen junge Mütter nahrhafte Speisen, die Vata senken und das Gewebe regenerieren.

Die Lebensweise des 21. Jahrhunderts mit ihrer Hektik und ständigen Überlastung führt schnell zu einem Vata-Ungleichgewicht. Wir finden uns mit dem Stress des modernen Lebens ab, können aber nicht immer gut damit umgehen. So versuchen wir, schlank zu bleiben, indem wir uns von Salat und Gemüse ernähren, treiben aber wenig Sport, was das Vata ansteigen lässt. Wir sind viel unterwegs und suchen ständig nach neuen anregenden Orten.

Anzeichen eines Vata-Ungleichgewichts sind:

- Haut, Lippen und Augen sind trocken, Haare und Nägel brüchig.

- Nervosität, Angst, Depressionen, Spannungskopfschmerz.

- Zunehmende Scheu, Sorge und Unsicherheit.

- Schlaflosigkeit, leichter Schlaf.

- Schlechte Durchblutung, kalte Hände und Füße.

- Gelenkschmerzen, Kreuzschmerzen und Knochenprobleme wie Arthritis oder Osteoporose.

- Unruhe und Ungeduld. Konzentrations- und Entscheidungsschwäche, Gefühl der Unklarheit oder der fehlenden Erdung.

- Häufig Gefühl der Aufgeschwemmtheit und starke Blähungen.

- Neigung zu Verstopfung.

- Wenig und unregelmäßiger Appetit und Gewichtsverlust.

- Leichte Ermüdbarkeit bei anhaltendem Bedürfnis, aktiv zu sein.

- Bei Frauen leichte, unregelmäßige oder ausbleibende Regelblutung.

Suchen Sie bei einem Vata-Ungleichgewicht nach den Ursachen. Konzentrieren Sie sich auf die Beseitigung und folgen Sie den Empfehlungen für eine Vata ausgleichende Lebensweise und Ernährung (s. S. 26–28), bis Sie sich wieder besser fühlen.

Die Vata ausgleichende Ernährung

Um das Vata ins Gleichgewicht zu bringen, sollten Sie wärmende, beruhigende Gerichte bevorzugen. Die richtigen Zutaten sind ebenso wichtig wie die Art der Zubereitung, die Menge und eine gute Verdauung. Menschen mit Vata-Konstitution haben manchmal Probleme, ein großes, schweres Mahl zu verdauen. Daher empfehlen sich kleine Portionen nährstoffreicher Speisen. Folgen Sie dem Leitfaden und wählen Sie anhand der Nahrungsmitteltabellen (s. S. 153–158) möglichst nährstoffreiche Zutaten.

- Vata-Körpertypen haben ein unregelmäßiges Verdauungsfeuer. Um Verdauungsstörungen und Ama zu vermeiden, essen Sie kleine Portionen einfacher Gerichte. Je mehr Zutaten sie enthalten, desto schwerer sind sie zu verdauen. Sie sollten gekocht sein und am besten warm serviert werden, auch das Frühstück.

- Achten Sie darauf, nicht zu viel auf einmal zu essen. Essen Sie nur, wenn Sie Hunger haben und die letzte Mahlzeit verdaut ist (s. S. 15).

- Zu festen Zeiten essen – am besten um 13 Uhr, wenn das Verdauungsfeuer am stärksten ist. Unregelmäßige oder ausgefallene Mahlzeiten verstärken Vata. Und nicht zu viel auf einmal essen, sonst wird Agni überbelastet.

- Essen Sie nur, wenn Sie ausgeglichen und weder im Stress noch stark erregt sind. Konzentrieren Sie sich auf das Essen. All das fördert eine gründliche Verdauung.

- Die Gerichte sollten cremig, geschmeidig, feucht und mild und mit Ghee, Öl oder Sahne zubereitet sein. Hausmannskost ist körperlich wie emotional gut für Vata. Essen Sie Suppen, Eintöpfen, Risottos, Linsen, Reis, Pasta oder Currys.

- Wählen Sie naturbelassene Nahrungsmittel und meiden Sie industriell Hergestelltes und Fettgebackenes, »blähende« Bohnen und Gemüse, kalte, rohe Gerichte oder Trockenes wie Kekse oder Müsli. Essen Sie Salat vorwiegend im Sommer mit einer kräftigen Portion Öl.

- Bevorzugen Sie Nahrungsmittel, die süß, sauer und salzig sind und reduzieren Sie den Genuss bitterer, herber und scharfer Geschmacksrichtungen (mit Ausnahme von Gewürzen, die das Verdauungssystem stärken).

- Reis und Weizen sind die besten Getreidearten für Sie, gefolgt von Hafer. Auch Mungbohnen, rote Linsen und Tofu sind okay.

- Süßes Obst ist gut, während Trockenfrüchte Blähungen hervorrufen können. Nehmen Sie diese nur gut eingeweicht zu sich.

- Vermeiden Sie übermäßigen Verzehr von Nüssen, da sie schwer verdaulich sind. Möglichst einweichen oder mahlen.

- Koffein sowie kalte und kohlensäurehaltige Getränke meiden. Stattdessen Kräutertee, heißes Wasser oder warme Milch trinken. Masala-Tee ist erlaubt, da er wärmend und milchig ist. Gelegentlich ein alkoholisches Getränk zur Entspannung ist gut. Warme Milch, gewürzt mit Kardamom, Zimt und Muskat, vor dem Zubettgehen wirkt beruhigend.

- Vata kann bei Hunger zwischendurch snacken. Aber viele Snacks wie Kekse, Chips und Müsliriegel wirken austrocknend. Durch Obst, Lassi (s. S. 152) oder eine Handvoll eingeweichte Nüsse ersetzen. Diese gut kauen.

Genießen Sie das Essen. Es schenkt Ihnen Gesundheit und hält Sie im Gleichgewicht. Es gehört zu den Freuden des Lebens.

Eine Vata ausgleichende Lebensweise

Das Ausgleichen von Vata scheint mir die schönste Lebensweise. Die meisten Vata-Typen wissen das, können es aber leider nicht umsetzen. Wichtig ist, alles langsamer angehen zu lassen, zu entspannen, sich zu pflegen und zu erden. Folgen Empfehlungen helfen dabei.

- Entwickeln Sie eine tägliche Routine. Stehen Sie jeden Tag ungefähr zur selben Zeit auf, essen und schlafen Sie regelmäßig.

- Verausgaben Sie sich nicht bei Ihren Tätigkeiten. Anstrengungen, Leistungs- und Wettkampfsport oder Aerobic erhöhen das Luftelement im Körper. Besser sind Yoga, Spaziergänge (am besten in der Natur), Tanzen oder Schwimmen.

- Probieren Sie neue kreative Hobbys aus wie Schreiben oder Malen. Verbringen Sie nicht Ihre ganze Freizeit vor dem Computer oder Fernseher.

- Versuchen Sie, Ihre Neigung zu Stress, Ärger und Rastlosigkeit in den Griff zu bekommen. Meditation (auch wenn es nur 5–10 Minuten am Tag sind), Yoga, Tai-Chi, ein Spaziergang im Park, ein Gläschen Wein und eine Plauderei mit einem Freund, Musik hören, Schwimmen oder einfach ruhig in der Natur sitzen – all das wirkt beruhigend. Atemübungen (Pranayama) sind besonders gut. Sie entspannen sehr und helfen, den Atem (Luft) im Körper zu kontrollieren.

- Tägliche Massagen mit einem leichten Massageöl sind eine wunderbare Möglichkeit, trockene Haut zu pflegen.

- Schlaf ist für alle Doshas ausgesprochen wichtig, besonders aber für den Vata-Typ, der häufig unter Schlafstörungen leidet. Gehen Sie früh zu Bett und trinken Sie zuvor eine Tasse mit etwas Muskat, Zimt und Kardamom gewürzte warme Milch.

- Beschränken Sie Ihre Reiseaktivitäten, vermeiden Sie Überarbeitung, Übererregung und Grübelei. Versuchen Sie, sich Zeit zu lassen, Ruhe zu bewahren und sich zu erden.

- Packen Sie sich bei kaltem Wetter warm ein und meiden Sie längere Aufenthalte in klimatisierten Räumen.

Ich weiß, wie schwierig es ist, einen Gang zurückzuschalten, wenn das Leben auf Hochtouren läuft. Aber ich habe festgestellt, dass sich alles erledigen lässt und um uns herum nicht das Chaos ausbricht, wenn man sich jeden Tag etwas mehr Zeit für sich selbst nimmt. Auch unsere Lieben gewöhnen sich schnell an den neuen Alltag.

Speiseplan für Vata

Montag
Energie-Porridge (s. S. 63)
Mamas Hähncheneintopf, dazu eine Scheibe Brot mit Butter (s. S. 71)
Carbonara mit Zucchini, Basilikum und Ziegenkäse (s. S. 134)

Dienstag
Grießbrei mit Kardamom zum Frühstück (s. S. 59)
Schellfischtopf mit Mais auf südindische Art (s. S. 75)
Kühlende Kokos-Zitronen-Cupcakes (s. S. 143), dazu eine Tasse Tee
Risotto mit Bohnen-Kürbiskern-Pesto (s. S. 125)

Mittwoch
Würziges Obstkompott (s. S. 68)
Hähnchensalat mit dicken Bohnen und Fenchel (s. S. 93)
Hähnchen nach griechischer Art mit Kartoffeln (s. S. 114)

Donnerstag
Maispfannkuchen mit Zitrone und Heidelbeeren (s. S. 60)
Herzhafte Linsen-Kräuter-Suppe (s. S. 72)
Provenzalische Forelle mit Salsa verde und Saisongemüse (s. S. 103)

Freitag
Quinoa-Porridge mit süßen Gewürzen (s. S. 63)
Rucolasalat mit warmen Süßkartoffeln und Ziegenkäse (s. S. 84)
Mandel-Orangen-Cantuccini (s. S. 147), dazu eine Tasse Chai (s. S. 152) oder schwarzer Tee
Grünes Hähnchencurry mit Brokkoli und Erbsen (s. S. 107)

Samstag
Spargelfrittata mit Ziegenkäse (s. S. 67)
Gegrillte Sardinen mit »Sauce vierge« auf Toast und Gemüse der Saison (s. S. 103)
Hähnchenlaksa mit Reisnudeln (s. S. 117)
Dattelkuchen (s. S. 150)

Sonntag
Würziger Tofu gerührt mit Toast (s. S. 64)
Ayurvedisches Linsencurry (s. S. 128) mit gebratenen Süßkartoffeln auf südindische Art (s. S. 133), dazu Reis
Marokkanisches Schmorhähnchen mit Fladenbrot (s. S. 108)

Dieser Speiseplan soll Ihnen eine Vorstellung davon geben, welche Gerichte Sie im Lauf einer Woche essen können. Aber es ist nur ein Leitfaden – Sie können ihn nach Belieben abändern. In diesem Buch finden Sie viele weitere Rezepte. Die Nahrungsmitteltabellen (s. S. 153–158) helfen Ihnen, eigene Gerichte zu kreieren. Wenn Sie flexible Arbeitszeiten haben, machen Sie das Mittagessen zur Hauptmahlzeit, aber stets nur kleine Portionen essen.

Basics im Vata-Vorratsschrank
Ghee, gelbe und rote Linsen, grüne Mungbohnen, Kokosmilch, brauner oder weißer Langkornreis, Dinkelmehl, Quinoa, Palmzucker, Gewürze, Hafer, Nüsse, Perlweizen, Sesamsamen und Tahini (Sesampaste)

Das Pitta-Dosha

Menschen mit einer natürlichen Pitta-Konstitution haben einen hervorragenden Stoffwechsel, eine gute körperliche Gesamtverfassung und viel Energie, sind konzentriert und organisiert. Sie sind die geborenen Anführer und Motivatoren, aber auch Sportler und Soldaten.

Typische Merkmale einer gesunden Pitta-Konstitution sind:

- Mittelstarker Körperbau mit gutem Muskeltonus und gesundem Teint.

- Herzhafter Appetit, häufig sehr durstig, liebt kalte Gerichte.

- Guter, fester Schlaf, aber nicht mehr als 8 Stunden (sofern nicht unter großer Spannung).

- Guter, starker Redner, Motivator und Anführer.

- Emotional, aber nicht unbedingt sentimental.

- Willensstark, leidenschaftlich und zielorientiert.

- Unternehmerisch, einfallsreich und ehrgeizig, entschlossen und entschieden.

- Abenteuerlustig und kühn, setzt Vorhaben auch um.

- Klares Denken und scharfes Gedächtnis.

- Intelligent und wach, aber auch Neigung zu Kritik.

- Kann gut mit Geld umgehen und gibt es überlegt aus.

- Nett gegenüber Freunden, aber ein schlechter Feind.

- Das Haar ergraut früh oder geht aus.

- Neigt bei Krankheiten zu Entzündungen, Fieber, Störungen der Haut und im Blut.

Im ausgeglichenen Zustand geht der Pitta-Körpertyp konzentriert und entschlossen durchs Leben. Er ist mutig, intellektuell veranlagt und oft erfindungsreich.

Pitta im Ungleichgewicht

Im Ayurveda gilt der Grundsatz: Gleiches zieht Gleiches an. Eine Lebens- und Ernährungsweise, die die heißen, scharfen, flüssigen, öligen und schweren Eigenschaften von Pitta verstärkt, erhöht auch dessen Anteil im Körper, was zu einem Ungleichgewicht führt. Pitta-Typen sind dafür besonders empfänglich, aber im Prinzip kann jeder in diesen Zustand geraten.

Ein Ungleichgewicht kann eintreten, wenn man anhaltend Hitze ausgesetzt ist, sei es in der Sonne oder in einer Restaurantküche. Der ständige Verzehr von Nahrungsmitteln, die sehr sauer, ölig, scharf und erhitzend sind z. B. Tomaten, Essig, Fettgebackenes und sehr scharfe Speisen, bringt das Pitta ins Ungleichgewicht. Auch das Auslassen von Mahlzeiten erhöht den Pitta-Anteil, dasselbe gilt für Konkurrenz und Stress am Arbeitsplatz. Wenn wir ausgehen, um zu entspannen und den Druck des Tages abzuschütteln, trinken wir meist Alkohol. Der ist jedoch scharf, stechend und sauer und verschlimmert das Problem noch. So gleichen viele Symptome von Alkoholikern denen eines unausgeglichenen Pitta. Lang unterdrückte Gefühle, besonders Wut und Ärger, erhöhen ebenfalls das Pitta.

Zeichen eines Ungleichgewichts:

- Ständige Kritik und Bewertung der eigenen Person und anderer.
- Hitze ist deutlicher spürbar als sonst, und man schwitzt mehr.
- Empfinden von Wut, Ungeduld.
- Leidenschaft und Emotionen trüben die Urteilsfähigkeit.
- Verlust des Gleichgewichts zwischen Arbeit und Leben.
- Streitsucht, dominantes Verhalten bis hin zu Gewalt.
- Schlechter Schlaf, unruhige Träume.
- Gefühl des Ausgebranntseins.
- Häufige Verdauungsstörungen, Sodbrennen und Übersäuerung, die zu Magengeschwüren führen kann. Gelegentlich Durchfall.
- Hautausschlag und Entzündungen. Blutunterlaufene Augen, schlechter Mund- und saurer Körpergeruch.
- Bluterkrankungen und Leberbeschwerden.

Sobald wir ins Arbeitsleben eintreten, sind wir alle der Gefahr eines leichten Pitta-Ungleichgewichts ausgesetzt. Deshalb müssen wir uns immer wieder ermahnen, einen Ausgleich zwischen Arbeitsleben, Freizeit und Familie herzustellen. Bei einem Ungleichgewicht den Empfehlungen für die Ernährungs- und Lebensweise (s. S. 32–34) folgen, bis sich die Probleme lösen. Menschen mit Pitta-Konstitution sollten die Ratschläge noch länger befolgen.

Die Pitta ausgleichende Ernährung

In der Regel können Sie essen, was Sie möchten. Befindet sich das Pitta aber im Ungleichgewicht, helfen folgende Tipps: Die Gerichte müssen kühlend und beruhigend sein und sollten in Ruhe verzehrt werden. Wählen Sie die Zutaten anhand der Nahrungstabellen (s. S. 153–158) aus und achten Sie auf einen möglichst hohen Nährstoffgehalt.

- Bereiten Sie einen Teil Ihrer Speisen mit etwas Ghee (geklärter Butter) zu. Dieses Fett kühlt, die meisten Öle (außer Kokosöl) wirken erhitzend.

- Setzen Sie sich zum Essen hin, aber nicht an den Schreibtisch, und sorgen Sie für eine ruhige Atmosphäre.

- Bevorzugen Sie süße, bittere und herbe Nahrungsmittel wie Mungbohnen, Kokosnuss, Koriander, Spargel, süße Früchte und Salate.

- Essen Sie keine stark gewürzten Gerichte. Salz, Saures, Gewürze und Öl bringen Pitta ins Ungleichgewicht. Meiden Sie Tomaten, Joghurt, Essig, Essiggemüse, Chilischoten und gelben Käse.

- Ihre Nahrungsmittel sollten kühlend sein. Greifen Sie vor allem zu komplexen Kohlenhydraten, Obst und Fruchtsäften, Milch, Kokosnuss, Wurzelgemüse und Salat.

- Fleisch, Alkohol und Tabak wirken erhitzend. Essen Sie vorwiegend pflanzliches Protein, z. B. Mungbohnen und Tofu. Wenn Sie Fleisch essen, dann nur leichte, weiße Sorten. Meiden Sie Schalentiere und Eigelb (Eiweiß ist neutral).

- Überspringen Sie keine Mahlzeiten und vermeiden Sie Hungerattacken. Essen Sie lieber zwischendurch einen Snack, z. B. Cracker oder Haferplätzchen mit etwas Frischkäse oder Hummus, Bio-Müsliriegel, Rohkost, frische Obstsäfte oder Milchshakes (am besten Vanille, da sich Obst und Milch schlecht verbinden). Auch Trockenfrüchte sind gut, vor allem blutreinigende Datteln (ein unausgeglichenes Pitta führt manchmal zu Bluterkrankungen).

- Setzen Sie häufig rohes Gemüse und Salate auf Ihren Speiseplan, besonders im Sommer. Wählen Sie aber Dressings mit Zitrone, ihre Säure ist neutraler als andere.

- Vermeiden Sie im Sommer Koffein, schwarzen Tee und heiße Getränke. Trinken Sie Wasser, warmen Kräutertee, süßen Lassi, Milch und Fruchtsäfte. Ideal ist Granatapfelsaft (s. S. 152).

Eine Pitta ausgleichende Lebensweise

Auch wenn es für Sie schwer sein mag, Ihre Lebensgewohnheiten zu ändern, das ist ein positiver Schritt, der Spaß macht. Ein Pitta im Ungleichgewicht bewirkt meist Irritation, Ungeduld, Zorn und Rivalität. »Die Wut kriegen« – diese Redewendung bezeichnet genau das, was bei einem Menschen mit zu viel Hitze in den Geweben geschieht. Der an sich leidenschaftliche Pitta-Mensch muss lernen, gelassen zu bleiben.

- Halten Sie sich nicht zu lange in der Sonne auf, vor allem, wenn Sie gerade würzige Speisen gegessen oder einen leeren Magen haben. Tragen Sie bei Sonne stets einen Hut.

- Treiben Sie nicht zu viel Sport (er überhitzt Ihren Körper) und lassen Sie Ihren Körper abkühlen, bevor Sie eine warme Dusche nehmen. Aktivitäten im Freien oder im Wasser sind gut, meiden Sie jedoch wettkampforientierte Sportarten.

- Meiden Sie Sauna und Dampfbäder, da sie den Körper überhitzen.

- Es gibt etliche Methoden zur geistigen Beruhigung. Versuchen Sie es mit Meditation, Yoga (mit Ausnahme von Ashtanga- und Bikram-Yoga, da beide die Hitze erhöhen), Tai-Chi und Pranayama-Atemübungen.

- Hören Sie beruhigende Musik und machen Sie Spaziergänge im Park, am Meer oder noch besser im Mondlicht.

- Meiden Sie wütende und gestresste Personen, hegen Sie friedliche Gedanken und verbringen Sie Ihre Zeit mit den Menschen, die Sie mögen.

- Wichtig ist für Sie, Beruf, Familienleben und andere soziale Kontakte in Einklang zu bringen und sich während der Woche etwas mehr Freizeit und Vergnügen zu gönnen. Meiden Sie Konflikte und seien Sie ehrlich, bescheiden, freundlich und großzügig. Nehmen Sie sich eine Auszeit, machen Sie einen Spaziergang und genießen Sie die Schönheiten der Natur. Auch hilft es, öfter mal zu lachen. Sie müssen lernen, dass manche Dinge es nicht wert sind, sich davon krank machen zu lassen. Handeln Sie klug und überlegt.

Speiseplan für Pitta

Montag
Quinoa-Porridge mit süßen Gewürzen (s. S. 63)
Schellfischtopf mit Mais auf südindische Art (s. S. 75), dazu ein Brötchen
Lachspäckchen mit Kartoffeln und Bohnen (s. S. 96)

Dienstag
Arme Ritter mit Karamellnüssen (s. S. 69)
Salat mit gegrilltem Chicorée, Roter Bete und Ziegenkäse (s. S. 89), dazu ein paar Haferplätzchen
Duftendes Fischcurry mit Kokosmilch (s. S. 99), dazu Einfacher Pilaw (s. S. 138)

Mittwoch
Müsli mit Milch
Warmer Auberginensalat mit Quinoa, Tofu und Ingwerdressing (s. S. 83)
Kühlende Kokos-Zitronen-Cupcakes (s. S. 143), dazu eine Tasse Tee
Risotto mit Bohnen-Kürbiskern-Pesto (s. S. 125)

Donnerstag
Energie-Porridge (s. S. 63)
Hähnchensalat mit dicken Bohnen und Fenchel (s. S. 93)
Reis mit Kabocha-Kürbis, Tofu und Tamari (s. S. 126)

Freitag
Würziges Obstkompott (s. S. 68), danach eine Scheibe Toastbrot
Warmer Borlotti-Kräuter-Salat mit Mozzarella (s. S. 88)
Mandel-Orangen-Cantuccini (s. S. 147) am Nachmittag
Hähnchen mit Safranreis auf persische Art (s. S. 111)

Samstag
Energie-Porridge (s. S. 63)
Fischtopf mit Safran und Petersilienmayonnaise (s. S. 95), dazu etwas Brot
Marokkanisches Schmorhähnchen mit Datteln und Gemüse (s. S. 108), dazu Reis oder geröstetes Dinkelbrot
Dattelkuchen (s. S. 150)

Sonntag
Maispfannkuchen mit Zitrone und Heidelbeere (s. S. 60)
Orientalische Mezze (s. S. 87)
Khicheri (s. S. 52)

Dies ist ein typischer Speiseplan für den Anfang. Sie müssen sich jedoch nicht streng daran halten. Essen Sie, was Sie mögen – solange Sie dem Leitfaden folgen. Stellen Sie sich mit Hilfe der Nahrungsmitteltabellen (s. S. 153–158) leckere Gerichte je nach Jahreszeit zusammen. Wenn Sie großen Appetit haben, bereiten Sie größere Portionen zu oder essen vorher eine einfache Suppe oder einen Salat.

Basics im Pitta-Vorratsschrank
Reis, Hafer, Quinoa, Linsen, Bohnen, Gerstengraupen, Dinkelmehl, Kokosmilch oder geraspelte Kokosnuss, Müsli, Kürbiskerne, Trockenfrüchte, Haferplätzchen, Ghee, Rohrohrzucker, Tofu, Obstsäfte, z. B. Granatapfelsaft

Das Kapha-Dosha

Menschen mit angeborener Kapha-Konstitution besitzen ein heiteres Wesen, sind stark, gesund und leben lange. Die Eigenschaften von Kapha sind schwer, fest, glatt, weich, ölig und feucht. Kapha-Typen sind in sich gefestigt, geben emotionale Hilfe und lieben die Menschen, ohne zu werten. Das Mehr an Erde und Wasser im Körper »erdet« sie, dämpft jedoch auch das Agni, sodass sie einen langsamen Stoffwechsel haben.

Typische Merkmale einer gesunden Kapha-Konstitution sind:

- Kurvenreicher, schwerer Körperbau, große Knochen, starke Muskeln und überschüssiges Körperfett.

- Gute Kondition, Stärke und Festigkeit. Mäßige Energie. Handelt langsam und stetig.

- Von Natur aus großzügig, warmherzig, mütterlich und geduldig. Pflegt Freundschaften und ist ein loyaler, langmütiger Freund.

- Kapha-Menschen bleiben oft eng mit ihrer Familie, Kultur und Religion verbunden. Sie sind ruhig, zufrieden, zugewandt, sentimental und romantisch.

- Schöne Haut und Nägel, gesundes, dickes Haar.

- Wohlklingende Stimme. Spricht langsam und flüssig.

- Fester Schlaf. Das Aufstehen am Morgen fällt schwer.

- Kapha-Menschen sind hervorragende Arbeitgeber, voller Empathie für Menschen, finanziell erfolgreich und können gut Geld sparen.

- Ausgesprochen zeugungsfähig. Darum waren Frauen mit »gebärfreudigen Becken« hochgeschätzt.

- Intelligent. Brauchen Zeit zum Aufnehmen, vergessen das einmal Verstandene aber nicht mehr.

- Neigung zu Schleimbildung, Nebenhöhlenbeschwerden, Atemwegserkrankungen und Gewichtszunahme.

- Tendenz, sich an Menschen, Gewohnheiten oder Dinge zu klammern.

- Liebt schöne Dinge, Blumen und Kosmetik und kocht gern.

Kapha im Ungleichgewicht

Nicht jeder Kapha-Körpertyp hat zwangsläufig ein Kapha-Ungleichgewicht, aber er ist dafür empfänglicher als andere Menschen. Es entsteht durch Lebens- und Ernährungsweise sowie durch mangelnde Aktivität. Zu einem leichten Ungleichgewicht kommt es oft im Winter. Dem begegnen wir instinktiv mit warmer Nahrung und Kleidung. Ein ernstzunehmendes Ungleichgewicht beruht vorwiegend auf der Lebens- und Ernährungsweise. So erhöht der anhaltende Konsum schwerer, öliger, kühler und feuchter oder süßer, saurer, salziger Speisen Kapha.

Symptome eines Kapha-Ungleichgewichts sind:

- Gewichtszunahme, obwohl nicht mehr gegessen wird als sonst.

- Häufige Verstopfung, Nebenhöhlenbeschwerden, Asthma und Erkältungen.

- Gefühl der Trägheit und Erschöpfung trotz normaler Aktivität. Leicht depressiv und melancholisch.

- Schlechte Verdauung, die zu Schwere und Lethargie nach dem Essen führt.

- Schmerzende oder geschwollene Gelenke, Haare und Haut sind fettiger als üblich.

- Häufiges Bedürfnis nach Schlaf, Schwierigkeiten aufzuwachen. Antriebslosigkeit, Mangel an Libido und Leidenschaft.

- Besitzergreifendes, habsüchtiges Verhalten. Unfähigkeit, sich von Menschen oder Dingen zu lösen, Anhäufung von Besitz.

- Zystenbildung in den Eierstöcken, Schilddrüsenunterfunktion und Diabetes.

Folgen Sie bei einem Kapha-Ungleichgewicht den Empfehlungen für eine ausgleichende Ernährung und Lebensweise. Personen mit einer Kapha-Konstitution müssen besonders darauf achten, nicht zu viele Gerichte zu essen, die das Kapha ins Ungleichgewicht bringen.

Jede Lebens- und Ernährungsweise mit den Eigenschaften schwer, kalt, dicht, feucht, fest und langsam kann zu einem Kapha-Ungleichgewicht führen.

Die Kapha ausgleichende Ernährung

Bevorzugen Sie leichte Nahrung mit frisch zubereiteten, warmen Gerichten und kleinen Portionen. Halten Sie sich an die folgenden Empfehlungen und wählen Sie anhand der Nahrungsmitteltabellen (s. S. 153–158) Zutaten aus, die für Sie optimal sind.

- Kapha-Menschen benötigen keine tierischen Proteine mit ihren zusätzlichen Nährstoffen. Sie sind schwer und belasten die Verdauung. Hähnchen und Pute sowie weißfleischiger Fisch dürfen in Maßen gegessen werden. Bevorzugen Sie pflanzliche Proteine etwa in Form von Bohnen, Linsen und Tofu.

- Erhöhen Sie den Anteil bitterer (Blattsalate, Chicorée), herber (Äpfel und Bohnen) und scharfer Bestandteile (Gewürze) und reduzieren Sie die Menge süßer, saurer und salziger Nahrungsmittel.

- Nehmen Sie frische, fettarm zubereitete, warme und leichte Gerichte mit eher trockenen Eigenschaften zu sich.

- Rohe Salate sind schwer verdaulich und sollten deshalb nur im Sommer und zu Mittag gegessen werden.

- Meiden Sie alle raffinierten Zuckerarten, Weißbrot, Alkohol und frittierte Speisen. Hüten Sie sich vor Produkten mit niedrigem Fettanteil, da sie häufig viel Zucker enthalten.

- Milchprodukte sind schwer und kalt und eignen sich daher nicht für Kapha. Halten Sie sich an Reis, Soja oder auch Ziegenmilch. Gelegentlich etwas Hütten- oder Ziegenkäse ist gut. Beobachten Sie jedoch, wie Sie sich nach dem Verzehr fühlen. Schwellen die Nebenhöhlen an?

- Essen Sie kleine Portionen, nichts zwischendurch und erst dann, wenn die vorherige Mahlzeit verdaut ist (s. S. 15). Das Mittagessen sollte die größte Mahlzeit sein.

- Meiden Sie kalte und sprudelnde Getränke. Trinken Sie gewürzten Tee und im Sommer gewürzten Lassi (s. S. 152) zur Reinigung der Gewebe und zur Verbesserung der Verdauung.

- Meiden Sie ganze Nüsse. Mahlen Sie sie vor dem Verzehr oder essen Sie stattdessen Kürbis- und Sonnenblumenkerne.

- Bemühen Sie sich, Stress nicht durch Essen zu kompensieren.

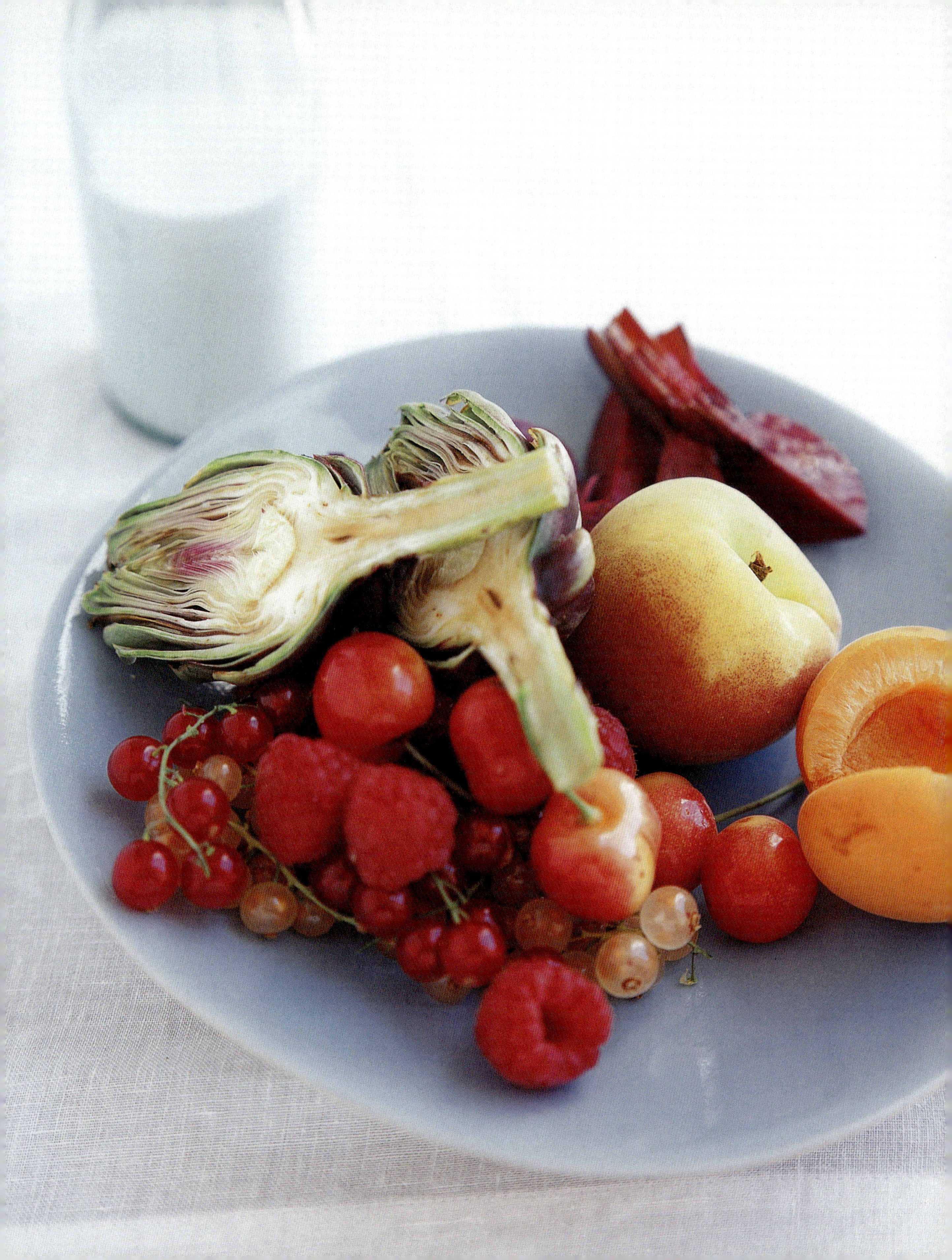

Eine Kapha ausgleichende Lebensweise

Menschen mit Kapha-Ungleichgewicht brauchen häufig ein dramatisches Ereignis, um die Komfortzone zu verlassen und ihren Lebensstil zu verändern. Es ist schwer, von Alltagsgewohnheiten Abschied zu nehmen, aber Sie werden sich damit besser fühlen. Auch kleine Veränderungen summieren sich, und die Wirkung wird Sie anspornen, größere Schritte zu machen. Setzen Sie möglichst viele der folgenden Empfehlungen um.

- Werden Sie aktiver. Sie haben die Kraft und Ausdauer für Herz- und Kreislaufübungen, die Ihnen helfen, Ihr Gewicht zu halten und Ihr Agni zu stärken. Leichtes Joggen (sofern es die Gelenke erlauben), Aerobic oder Gymnastik sind ideal, aber auch ein flotter Spaziergang zeigt Wirkung. Vermeiden Sie es, bei der Arbeit lange zu sitzen, nehmen Sie Treppen statt Aufzüge und gehen Sie möglichst viel zu Fuß. Das aktive Ashtanga-Yoga ist sehr gut für Kapha.

- Sonne tut dem Kapha-Körpertyp ausgesprochen gut, ebenso Dampfbäder und Saunabesuche. Gehen Sie an die frische Luft und sitzen Sie nicht allzu lange in klimatisierten Räumen. Nehmen Sie ein heißes Bad oder ein Dampfbad, um verstopfte Nebenhöhlen freizumachen.

- Personen mit Kapha-Ungleichgewicht neigen dazu, sich an Menschen, Gegenstände oder Gewohnheiten zu klammern. So entstehen Abhängigkeiten. Manchmal können sie sich dann nicht aus einer unangenehmen Situation befreien und beispielsweise eine schlechte Arbeitsstelle oder Beziehung aufgeben. Regelmäßiges Meditieren bringt die stagnierende Energie in Bewegung, ebenso das Pranayama-Atmen (siehe rechts). Schaffen Sie Ordnung in Ihrer Wohnung und suchen Sie sich neue Hobbys.

- Schlafen erhöht den Kapha-Anteil, vermeiden Sie Nickerchen tagsüber. Stehen Sie früh auf.

- Flüssigkeitsfasten (s. S. 46) einmal pro Woche belebt ein schwaches Agni.

- Pranayama (Yoga-Atemübungen) kurbelt den Stoffwechsel an, bringt stagnierende Energie in Bewegung und steigert das Gefühl der Lebendigkeit. Schon 5 Minuten ruhiges Sitzen mit Bauchatmung sind hilfreich.

Für das beharrliche Kapha sind Veränderungen wichtig. Schütteln Sie alte Gewohnheiten ab und stellen Sie sich neuen Herausforderungen. Unternehmen Sie etwas und öffnen Sie sich für Erfahrungen, lernen Sie neue Menschen kennen, gehen Sie Risiken ein und handeln Sie spontan. Befreien Sie sich von all dem, was Sie angesammelt haben und an das Sie sich klammern, von emotionalen Lasten und überflüssigen Gegenständen. Reisen Sie so oft wie möglich und genießen Sie das Leben in vollen Zügen.

Speiseplan für Kapha

Montag
Glückssaft (s. S. 68), gegen Hunger im Lauf des Vormittags ein Stück Obst essen
Mamas Hähncheneintopf (s. S. 71), dazu ein wenig Roggenbrot
Cannellini mit Grünkohl (s. S. 134), dazu Polenta mit Kräutern (s. S. 140)

Dienstag
Gerührtes Eiweiß mit einer Scheibe geröstetem Roggenbrot
Pikante Wraps mit Räucherforelle (s. S. 102) dazu Gemüse oder Salat
Gemüse und Edamame in Kokos-Ingwer-Sauce (s. S. 122), dazu Glasnudeln

Mittwoch
Quinoa-Porridge mit süßen Gewürzen (s. S. 63)
Nudelsalat mit grünen Bohnen, Tofu und Sesam (s. S. 90)
Ayurvedisches Linsencurry (s. S. 128), dazu Wirsing mit Erbsen (s. S. 133), und Fladenbrot mit Spinat und Zwiebeln (s. S. 141), ersatzweise Quinoa oder Hirse

Donnerstag
Roggenbrot pur oder mit ein wenig Honig bestrichen
Herzhafte Linsen-Kräuter-Suppe (s. S. 72) mit etwas Reis, eingerührt oder als Beilage
Reis mit Hainan-Hähnchen (s. S. 118), dazu ein Gemüse von Ihrer Liste

Freitag
Würziges Obstkompott (s. S. 68), danach eine Scheibe Toast
Warmer Auberginensalat mit Quinoa, Tofu und Ingwerdressing (s. S. 83)
Hähnchen in Maiskruste (s. S. 113), dazu Gebratener Mais mit Paprika (s. S. 132)

Samstag
Maispfannkuchen mit Zitrone und Heidelbeeren (s. S. 60)
Khicheri (s. S. 52), um dem Körper eine Pause zu verschaffen
Gedämpfter Fisch mit Sternanis und Ingwer (s. S. 100) auf Brokkoli
Bratapfel (s. S. 147)

Sonntag
Würziger Tofu gerührt (s. S. 64) mit Roggenbrot
Snack aus rohem Gemüse, Popcorn oder Möhrenstreifen mit Hummus (s. S. 87), bei großem Hunger Pizza mit Zwiebel, Radicchio und Ziegenkäse (s. S. 131), dazu etwas Salat

---

Dieser typische Speiseplan soll Ihnen eine Vorstellung davon geben, welche Gerichte im Lauf einer Woche auf den Tisch kommen können. Diesen Leitfaden können Sie beliebig variieren. Sie finden hier noch weitere Rezepte. Anhand der Nahrungsmitteltabellen (s. S. 153–158) können Sie auch selbst Gerichte zusammenstellen. Wenn es die Arbeitszeiten erlauben, das Mittagessen zur Hauptmahlzeit machen und abends nur noch etwas Leichtes essen. Den Tag mit heißem Wasser und Zitrone beginnen. Wenn Sie keinen Hunger haben, kann das Frühstück ausfallen. Optimal ist gewürztes Obstkompott (s. S. 68).

Basics im Kapha-Vorratsschrank
Roggenbrot, Buchweizennudeln (Soba), Glasnudeln, Gerstengraupen, Tofu und Seidentofu, Trockenbohnen und Linsen, getrocknete Shiitakepilze, Maismehl, Polenta, Mais- oder Weizentortillas, Honig, Quinoa, Hirse, Gewürze

Abnehmen mit Ayurveda

Wir leben in einer verrückten Zeit: Eine Hälfte der Weltbevölkerung ist unterernährt, die andere leidet unter Mangelernährung durch Diäten oder schlechte Nahrungsmittel. Die westlichen Gesellschaften sind besessen von den Themen Gewicht und Fettleibigkeit, machen aber im Hinblick auf gesunde Ernährung kaum Fortschritte.

Der Vata-Typ ist von Natur aus dünn und leicht, greift aber zur Nervenberuhigung häufig zu süßen Kohlenhydraten. Diese verwandeln sich schnell in Fett, häufig um die Hüften herum. Vata-Menschen haben eine unregelmäßige Verdauung und viel Ama, welches das Verdauungssystem verstopft und zu Gewichtszunahme und Wassereinlagerungen führen kann. Wenn Sie ein Vata-Typ sind und zugenommen haben, überlegen Sie, warum. Greifen Sie bei Stress oft zu Süßem? Testen Sie eine Vata ausgleichende Ernährung, die beruhigt und zu Gewichtsabnahme führt. Wenn Ihr Verdauungssystem träge ist, machen Sie die Diät zur Reduzierung des Ama. Ansonsten den Ratschlägen auf den Seiten 44–45 folgen.

Pitta-Menschen nehmen selten zu. Bei einem anhaltenden Ungleichgewicht kann ihr Agni erlöschen und ihr Verdauungssystem geschwächt werden, aber das ist nur selten der Fall. Folgen Sie dann einer Pitta ausgleichenden Ernährung.

Kapha-Menschen neigen zu Gewichtszunahme und Übergewicht, da sie von Natur aus einen langsamen Stoffwechsel haben. Bei Unausgeglichenheit wird Essen oft zum Trostpflaster.

Auch Einnahme von Medikamenten führt manchmal zu Gewichtszunahme, ebenso Hormonstörungen oder psychische Faktoren wie Depressionen und Stress. Ein geschwächtes Agni wirkt sich auf das Gewicht aus. Das ist ganz normal, wenn wir älter werden. Deshalb müssen wir im Alter unsere Essgewohnheiten entsprechend ändern.

Meine Erfahrung mit dem Abnehmen

Ich war schon als Baby pummelig und litt als Erwachsene unter Übergewicht. Obwohl ich meist gesund, stark und zufrieden war, wurde mir als Teenager klar, dass ich abnehmen musste. Durch Diäten verlor ich jedes Mal Gewicht. Aber die Pfunde kamen wieder. Diäten boten also keine Lösung, und so beschloss ich, nur noch Dinge zu essen, die nach meinen damaligen Kenntnissen gesund für meinen Körper waren. Ich entwarf einen entsprechenden Speiseplan und begann mit Gymnastik. Gesund essen und leben war jetzt mein Motto, das Wort »Diät« verbannte ich aus meinem Wortschatz.

Meine neue Ernährungsweise bestand aus drei gesunden, fettarmen Mahlzeiten am Tag. Statt Zucker und Brot aß ich Naturreis. Zum Frühstück gab es Vollkornmüsli mit Magermilch, zum Mittagessen alles von indischen Gerichten über Pasta bis zu Folienkartoffeln mit Dip und Salat. Wenn ich zwischendurch Hunger hatte, knabberte ich ein Stück Obst. Ich aß stets früh ein leichtes Abendessen, meist Gemüse, Salate oder Suppen und anschließend einen Apfel. Ich verzichtete auf Desserts und trank nur am Wochenende etwas Alkohol. So nahm ich 40 Kilo ab.

Das war vor zehn Jahren, und abgesehen davon, dass ich die Fettmenge im Essen nicht mehr so stark einschränke und mir gelegentlich ein kleines Dessert und etwas Alkohol gönne, hat sich meine Ernährung nicht verändert. Im Rückblick betrachtet habe ich eine typische Diät zum Ausgleich von Kapha gemacht.

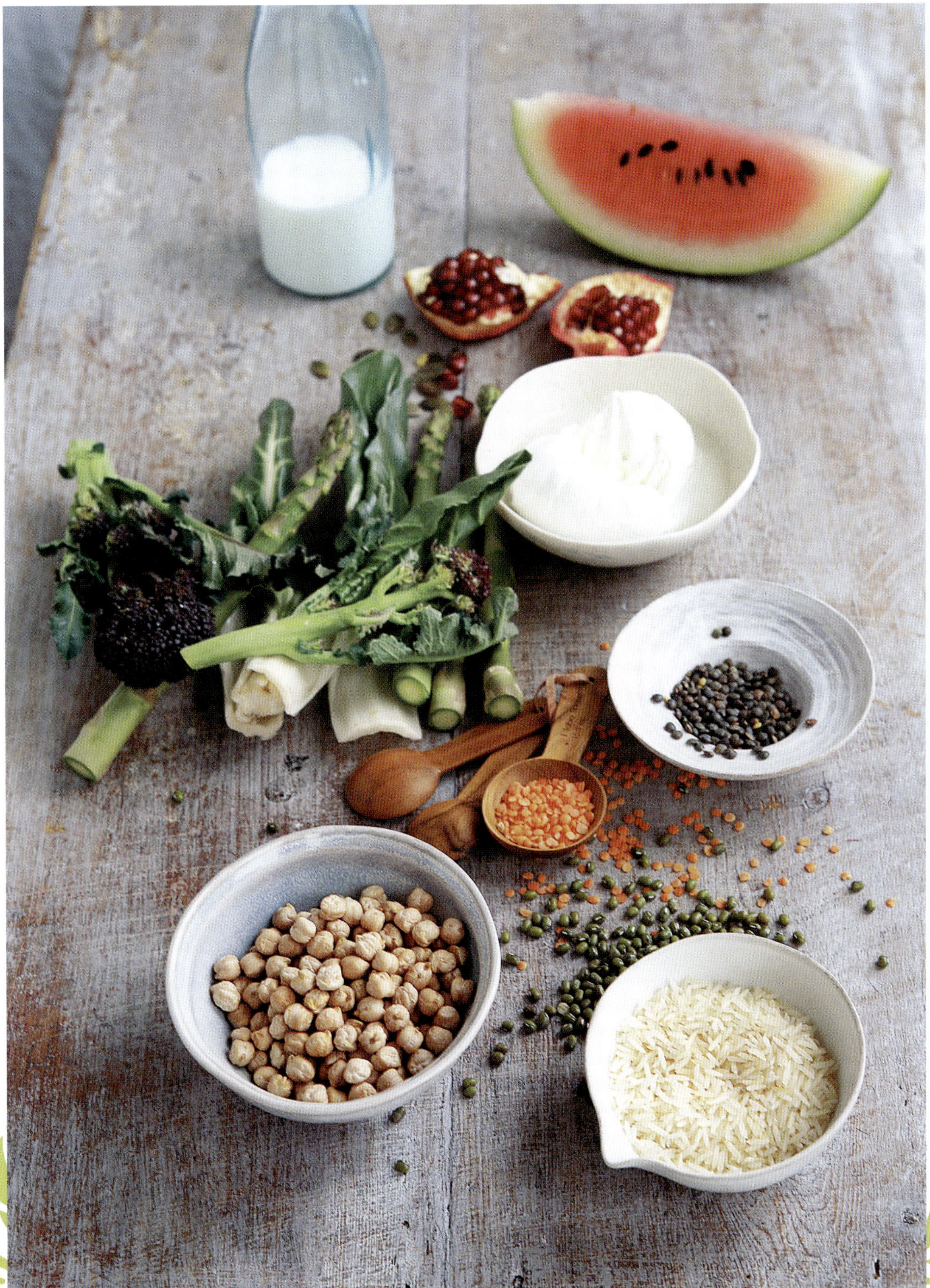

Gesund abnehmen

Die Empfehlungen auf der rechten Seite zielen darauf ab, das Gewicht zu reduzieren. Lesen Sie jedoch zunächst die Hinweise zu den Doshas, um zu prüfen, ob dies der richtige Weg für Sie ist. Die Tipps kommen Ihnen vielleicht bekannt vor, weil sie mit unserer modernen Auffassung vom Abnehmen übereinstimmen. Gewichtszunahme ist dasselbe wie Kapha, da dessen Eigenschaften im Körper ausgeprägter werden. Deshalb rate ich zu einer das Kapha ausgleichenden Ernährungsweise (s. S. 38), bis Sie abnehmen. Es dauert etwa drei Wochen, bis sich neue Gewohnheiten eingeschliffen haben. Bleiben Sie dran und haben Sie Geduld mit sich. Es wird immer leichter und bald ganz selbstverständlich für Sie sein. Ich erwähne an dieser Stelle immer wieder das Ama (s. S. 14), da eine Ansammlung dieser Giftstoffe die Ursache für Gewichtszunahme sein kann.

Es dauert etwa drei Wochen, bis sich neue Essgewohnheiten verankert haben. Bleiben Sie dran, und bald wird Ihnen diese neue Ernährungsweise ganz leicht fallen.

- Beginnen Sie den Tag mit einer Tasse heißem Wasser, aromatisiert mit Zitronenscheiben zur Reinigung der Stoffwechselwege.

- Auch Gerstenwasser ist hervorragend zum Abnehmen. Dafür eine Handvoll Gersten- oder Perlgraupen in 2 Liter Wasser kochen, bis sie weich sind. Abgießen, dabei das Wasser auffangen. Mit Zitrone und Honig abschmecken. Gerstenwasser reduziert Fett, mildert Schwellungen und entwässert. (Die gekochten Graupen für ein Gericht verwenden.)

- Tagsüber heißes Wasser verwenden. Es stärkt das Verdauungssystem und hält vom Essen ab, wenn Sie meinen, Hunger zu haben, aber eigentlich nur durstig sind. Zu den Mahlzeiten warmes oder zimmerwarmes Wasser trinken.

- Das Mittagessen zur Hauptmahlzeit machen, da Agni gegen 13 Uhr die meiste Kraft hat. Am Abend ist es ziemlich schwach, und das Essen sollte entsprechend leicht und vegetarisch sein. Essen Sie erst wieder etwas zum Frühstück. Wir nehmen meist ein kleines, schnelles Mittagessen im Büro zu uns und ein großes Abendessen zu Hause. Dabei nimmt man zu, denn der Stoffwechsel ist abends langsam. Wenn Sie dies ändern, werden Sie sich am Abend leichter fühlen, zum Frühstück hungrig sein und sich insgesamt gesünder ernähren.

- Essen Sie nicht zu große Portionen und nur so viel, bis sie halb satt sind. Zu reichliches Essen führt nicht nur zu Gewichtszunahme, sondern auch zu größerem Appetit und zur Ansammlung von Ama.

- Gestalten Sie Ihren Speiseplan abwechslungsreich. Jede Zutat und jede Geschmacksrichtung hat eine spezifische Funktion im Körper. Wenn diese verschiedenen Funktionen nicht erfüllt werden, verlangt der Körper nach mehr Nahrung, um den Mangel auszugleichen. So entsteht das Bedürfnis, mehr zu essen, obwohl man keinen Hunger hat. Schenken Sie jeder Mahlzeit Aufmerksamkeit!

- Essen Sie möglichst frisch Zubereitetes. Reste haben kaum noch Nährwert und Energie. Beim Erhitzen bauen sie noch weiter ab. Am Ende essen Sie nur leere Kalorien.

- Hauptbestandteil Ihres Speiseplans sollten Gemüsegerichte mit wenig Getreide und Eiweiß sein. Heben Sie Desserts für besondere Gelegenheiten auf. Ich lege beim Essen großen Wert auf Genuss und koche deshalb nur Lieblingsgerichte, aber mit wenig Fett, kleinen Mengen der Lieblingszutaten und viel Gemüse.

- Sorgen Sie für ein gesundes und starkes Agni (s. S. 14). Der Kapha-Typ profitiert sehr von einem wöchentlichen Flüssigkeitsfasten (s. S. 46).

- Schwere Speisen und Milchprodukte, große Mengen Fett und rotes Fleisch meiden. Ayurveda rät zu einer vegetarischen Ernährung, da Fleisch im Vergleich zu pflanzlichen Proteinen schwer ist.

- Nur essen, wenn Sie Hunger haben. Legen Sie Ihre Speisen fest, bevor Sie Hunger bekommen, damit Sie nicht zu Gerichten greifen, deren Verzehr Sie später bereuen.

- Treiben Sie regelmäßig leichten Sport und versuchen Sie, den ganzen Tag über aktiv zu sein. Gymnastik und Sport wirkend in fast jeder Hinsicht heilend: Sie sorgen dafür, dass wir geistig und körperlich agil bleiben, stärken das Agni, halten das Gewicht in Schach und sind gut für Knochen und Muskeln.

- Vermindern Sie Stress im Alltag. Auch er kann zu Gewichtszunahme führen, indem er Sie zur Keksdose greifen lässt oder Ihr Agni schwächt. Yoga und Meditation tragen dazu bei, die Emotionen zu kontrollieren, die uns veranlassen, übermäßig Alkohol zu trinken oder uns stressen.

- Schlafen Sie nicht unmittelbar nach dem Essen, sondern bleiben Sie aktiv (aber keine Gymnastik).

- Mit Hilfe von Pranayama (Yoga-Atemübungen) können Sie emotionale Probleme, Stress und Gelüste unter Kontrolle bringen, die zu Gewichtszunahme führen.

Entgiften mit Ayurveda

Alles, was dem Körper schadet oder ihm nicht nützt, gilt als Gift – seien es von außen kommende Schadstoffe, Chemikalien, Zusatzstoffe oder das Ama im Körper. Ama bildet sich, wenn das Essen nicht richtig verdaut wird. Es gilt als Ursache aller Krankheiten. Negative Gedanken und Gefühle sowie Depressionen erhöhen nach ayurvedischer Lehre ebenfalls das Ama. Ein Giftstau ist häufig der Grund für Erschöpfung, Unwohlsein, Kopfschmerzen, Cellulitis, Gewichtszunahme und andere Erkrankungen. Leider ist es nahezu unmöglich, im Alltag kein Ama anzusammeln. Deshalb raten Ayurveda-Ärzte zu einer regelmäßigen Entgiftungskur.

Glücklicherweise kann man solch eine Kur zu Hause machen. Wenn das Agni nicht damit beschäftigt ist, zu verdauen und die Nährstoffe aus dem Essen aufzunehmen, kann es die Gifte im Darm verbrennen. Also müssen wir unserem Verdauungssystem lediglich eine Pause gönnen, damit Ama abgebaut werden kann. Fasten verbrennt das Ama und stärkt das Agni. Eine Fastenkur verleiht Energie, geistige Klarheit, Leichtigkeit und strahlenden Glanz. Fasten verbrennt Giftstoffe, kein Fett, ist also keine Diät. Da Ama zu Gewichtszunahme führen kann, hilft das Fasten langfristig auch beim Abnehmen. Nachfolgend drei verschiedene Entgiftungsmethoden: das Flüssigkeitsfasten, das Drei-Tage-Fasten (s. S. 49) und die Ama reduzierende Diät (s. S. 50).

Das strenge Flüssigkeitsfasten

Dieses intensive ein- bis zweitägige Fasten sollten Sie einmal pro Woche, alle zwei Wochen oder einmal im Monat durchführen. Dabei isst man nur leichte Gemüsesuppen oder trinkt Säfte. Da Süße das Ama erhöht, Obst- oder süße Gemüsesäfte mit Wasser verdünnen. Den Tag mit einer Tasse heißem Wasser mit Zitrone beginnen. Nach 5 Minuten Abkühlzeit Honig zugeben, der ebenfalls Gift abbaut. Den Tag über Entgiftungstee (s. S. 51) oder heißes Wasser trinken. Diese Art des Fastens ist ungeeignet für junge, alte, schwache oder kranke Menschen und bei Vata-Ungleichgewicht.

Für eine erfolgreiche Entgiftung sollten wir dem Geist ebenso eine Pause gönnen wie dem Verdauungssystem, da diese beiden Kräfte dem Körper die meiste Energie entziehen. Gelassenheit und verminderte Aktivität ermöglichen es dem Körper, Giftstoffe abzubauen.

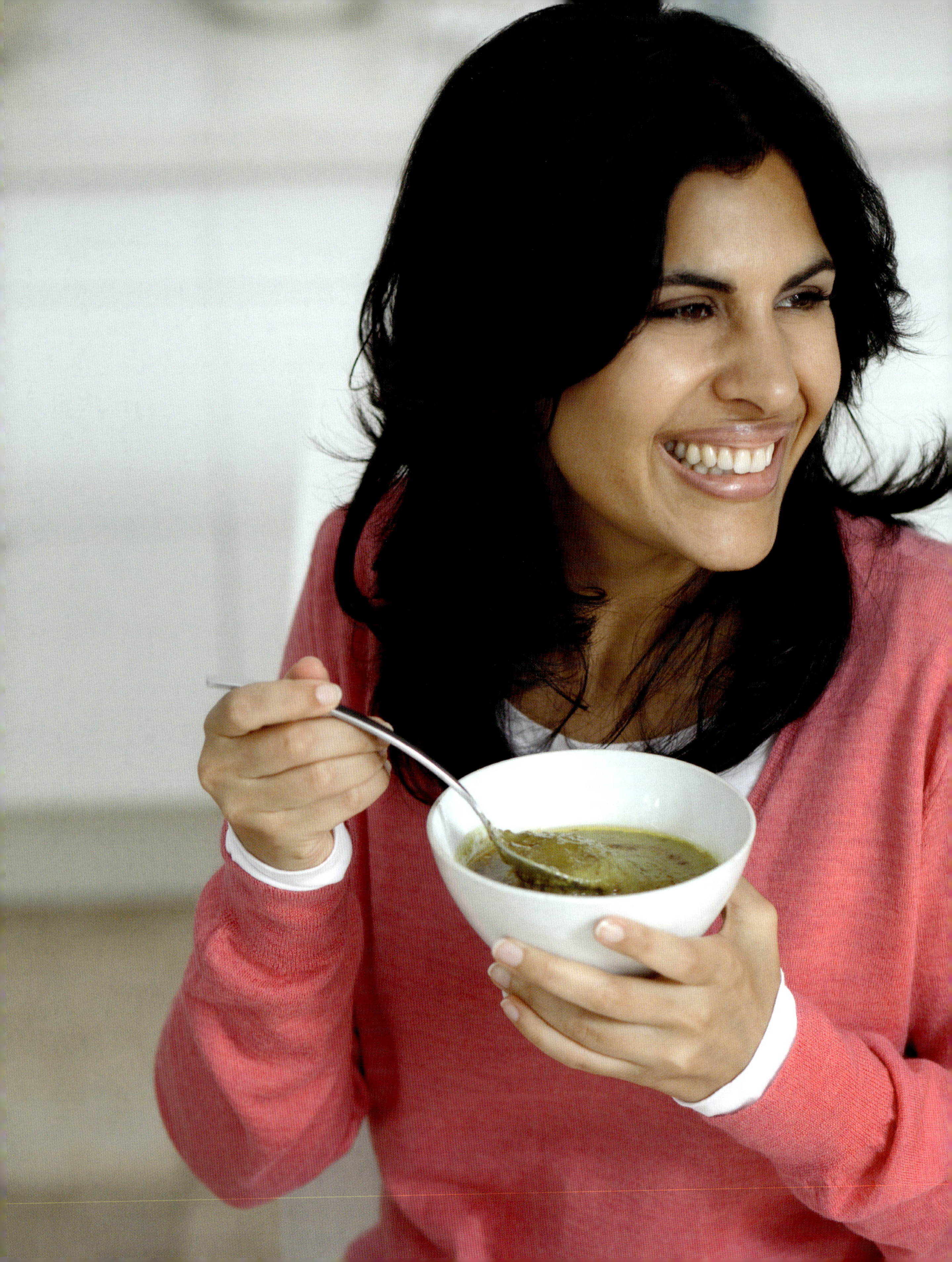

Entgiftende grüne Mungbohnensuppe

Das strenge Drei-Tage-Fasten

Essen Sie 3–5 Tage lang zu allen drei Mahlzeiten eine Schale dieser entgiftenden Suppe mit etwas bitterem gedünstetem grünem Blattgemüse. Sie liefert genügend Nährstoffe und verbrennt zugleich viel Ama. Essen Sie nur, wenn Sie Hunger haben und die vorherige Mahlzeit vollständig verdaut ist.

Ergibt 2–3 Schalen

Für die Grundbrühe
100 g grüne Mungbohnen, mehrmals gewaschen
½ TL gemahlene Kurkuma
1 Prise gemahlener schwarzer Pfeffer (nur für Vata und Kapha)
Steinsalz
1 gehäufter EL gehacktes Koriandergrün

Für das Tarka
¾ TL Kreuzkümmelsamen
¼ TL Asafoetida
¾ TL gemahlener Koriander

Zum Kapha-Ausgleich
¾ TL Ghee
1 TL fein gehackter Ingwer
¼ TL Garam Masala

Zum Pitta-Ausgleich
1½ TL Ghee
1 Msp. gemahlene Fenchelsamen zum Abschmecken

Zum Vata-Ausgleich
2 TL Ghee
1 TL fein gehackter Ingwer
¼ TL Garam Masala zum Abschmecken
¾ TL Zitronensaft

Dieses Rezept zum Entgiften und Revitalisieren stammt von Rebecca Kriese, einer wunderbaren Ayurveda-Ärztin. Die Suppe ist sehr wirksam und schwemmt angesammelte Gift- und Schlackstoffe aus dem Körper. Sie regt die Verdauung an, reduziert Schwellungen und Wassereinlagerungen, reinigt Leber, Gallenblase und Gefäße. Sie hilft beim Abnehmen und beseitigt Verdauungsstörungen, Blähungen und Schmerzen im Körper. Grüne Mungbohnen sind besser als die halbierten gelben Mungbohnen, da die grüne Haut mineralstoffreich ist und reinigend auf den Verdauungstrakt wirkt.

Mungbohnen gründlich waschen und mindestens 4 Stunden, besser über Nacht, in Wasser einweichen. Abgießen und die Bohnen in 1 Liter frischem Wasser zum Köcheln bringen. Kurkuma zufügen und die Bohnen in 30–40 Minuten weich köcheln lassen. Dabei bei Bedarf Wasser nachgießen.

Sobald die Bohnen gar sind, für das Tarka je nach Dosha Ghee in einer kleinen Pfanne erhitzen. Asafoetida einstreuen und 5 Sekunden braten. Kreuzkümmel und evtl. Ingwer (Kapha, Vata) zufügen und 30 Sekunden mitbraten, bis sich die Samen dunkel färben und duften. Koriander und übrige Gewürze zugeben und 20 Sekunden braten lassen. Das Tarka die Suppe rühren und diese noch 2 Minuten köcheln lassen. Mit Pfeffer und Salz abschmecken und mit Koriandergrün und Zitronensaft (Vata) servieren.

Varianten

Garen Sie etwas grünes Gemüse, z. B. Spinat (und etwas geriebene Muskatnuss) oder geraspelte Möhren, in der Suppe mit. Etwas Kokosmilch gibt der Suppe einen anderen Geschmack, dann entgiftet sie jedoch nicht.

Sanfte Diät zum Abbau von Ama

Diese milde ein- oder zweiwöchige Fastenkur setzt auf kleine Portionen leicht verdaulicher Gerichte. Alle Zutaten müssen biologisch und naturbelassen sein. Auf Fertiggerichte verzichten. Den Tag mit heißem Wasser und Zitrone beginnen. Nach kurzer Abkühlungszeit mit Honig süßen.

• Alle Gerichte sollten frisch und kurz gekocht sein. Industriell hergestellte Produkte oder Konserven sind tabu.

• Legen Sie die Hauptmahlzeit auf den Mittag, wenn die Verdauung am besten ist. Die Gerichte sollen leicht sein und bis zum Schlafengehen verdaut werden können.

• Essen Sie nicht zu viel, egal, was. Das belastet das Verdauungssystem und erhöht Ama.

• Verzichten Sie auf Snacks zwischen den Mahlzeiten, es sei denn, Sie haben großen Hunger.

• Dämpfen oder dünsten Sie Gemüse mit ein paar Gewürzen und Ingwer. Bevorzugen Sie Blattgemüse und bittere Sorten. Meiden Sie Kartoffeln, Süßkartoffeln, Kohl, Pilze, Auberginen und Tomaten. Leichte Gemüsesuppen sind ideal. Mungbohnensprossen haben einen starken Entgiftungseffekt (vorher kochen).

• Meiden Sie Salate und Rohgemüse, in Saftform sind sie erlaubt.

• Beschränken Sie sich auf Obstsorten, die nicht zu süß und von zu dichter Konsistenz sind – Äpfel, Trauben und Granatäpfel haben entgiftende Eigenschaften. Fruchtsäfte verdünnen Sie mit Wasser.

• Verwenden Sie Reis, Gerste, Hirse, Quinoa und Roggen und meiden Sie Weizen. Weißer Reis ist besonders leicht verdaulich. Ideal ist Khicheri, ein Reisgericht mit Linsen (s. S. 52).

• Essen Sie für den Proteinbedarf statt Fleisch und Eiern möglichst viel Mungbohnen und rote Linsen. Auch Tofu ist erlaubt, sofern Sie ihn vertragen.

• Meiden Sie alle Milchprodukte bis auf Lassi. Er ist nährstoffreich, leicht verträglich und verdauungsfördernd (s. S. 152).

• Meiden Sie Nüsse, ein paar Kerne (am besten gemahlen) sind aber in Ordnung.

• Verwenden Sie wenig Fett, vorzugsweise Ghee, da es das Agni stärkt.

• Meiden Sie Zucker in jeder Form (Desserts, Kekse etc.); Honig in Maßen ist okay.

• Verzichten Sie auf Alkohol, Dosen-, kohlensäurehaltige und eiskalte Getränke sowie Kaffee und Tee.

• Meiden Sie Ketchup, Mayonnaise, Sojasauce, Salatcremes und Tamarinde.

• Würzen Sie Ihre Gerichte mit Ingwer, Kardamom, Fenchelsamen, schwarzem Pfeffer, indischem Kümmel und Muskatnuss. Sie fördern die Verdauung.

• Trinken Sie tagsüber Entgiftungstee (s. S. 51) oder heißes Wasser.

Machen Sie regelmäßig Gymnastik, aber in Maßen und entsprechend Ihrem Körpertyp, um die Verdauung anzuregen und die Entgiftung zu unterstützen. Sonnenbäder (Sonnencreme nicht vergessen), Sauna und Dampfbäder helfen, die Gifte aus dem Körper zu spülen. Gehen Sie nach dem Fasten nur langsam wieder zur normalen Ernährung über und versuchen Sie, alte Essgewohnheiten hinter sich zu lassen.

Im Ayurveda wird die Entgiftung ernst genommen. Wenn Sie sich krank fühlen und nicht nur Ihren Körper reinigen wollen, konsultieren Sie einen Ayurveda-Arzt. Er wird sie weitergehend beraten.

Entgiftungstee

Über den Tag verteilt trinken.

¾ TL Kreuzkümmelsamen
1 TL Koriandersamen
1 TL Fenchelsamen
2 Scheiben frischer Ingwer
½ TL schwarze Pfefferkörner
3 Gewürznelken
1 Zimtstange

Alle Zutaten in 1 Liter Wasser 5–7 Minuten kochen lassen, dann weitere 5 Minuten ziehen lassen. Den Tee durch ein Sieb in eine Tee- oder Thermoskanne gießen. (Alternativ die Gewürze in wenig Wasser ansetzen und nach dem Ziehen abseihen. Den Sud mit Granatapfel- oder Apfelsaft aufgießen.)

PITTA

Den Pfeffer weglassen und weniger Ingwer und Gewürznelken verwenden. Dafür 1 Zweig frische Minze zufügen.

Khicheri

Für 1 Person

Für den Brei
35 g Basmatireis, gut gewaschen
25 g gelbe Linsen, gut gewaschen
1 Msp. gemahlene Kurkuma

Für das Tarka
1 TL Ghee
1 Prise Asafoetida
½ TL Kreuzkümmelsamen
Steinsalz

Der Brei aus Reis und Linsen ist ein Kernstück der ayurvedischen Küche: einfach, nährstoffreich, ausgewogen und lange gegart. So kann das Verdauungssystem das Gericht gut verarbeiten und anschließend Giftstoffe verbrennen. Ich esse ihn oft, wenn ich mich träge fühle. Manche Menschen, die eine lange Entgiftungskur machen, essen nichts anderes. Der Brei eignet sich für alle Doshas, kann jedoch individuell abgestimmt werden (siehe unten). Khicheri wird immer mit Ghee zubereitet, das leichter verdaulich ist als Öl. Außerdem verleiht es einen feinen Buttergeschmack.

Für den Brei Reis und Linsen tropfnass mit Kurkuma in einen Topf geben. Langsam zum Kochen bringen. Ist die Masse zu trocken, etwas Wasser zufügen. Alles halb zugedeckt etwa 30 Minuten köcheln lassen, bis Reis und Linsen weich sind. Dabei bei Bedarf abschäumen.

Für das Tarka das Ghee in einem kleinen Topf erhitzen. Asafoetida einstreuen und mindestens 5 Sekunden braten lassen. Kreuzkümmel zufügen und etwa 20 Sekunden mitbraten, bis er sich dunkel färbt und duftet. Das Tarka in den Brei rühren und mit Salz abschmecken.

VATA
Geben Sie Gemüse aus Ihrer Liste zu. Bereiten Sie das Tarka wie für Kapha empfohlen, jedoch mit gut 2 TL Ghee zu.

PITTA
Fügen Sie die gleichen Gemüse hinzu wie für Kapha empfohlen (oder orientieren Sie sich an der Tabelle auf Seite 153/154). Bereiten Sie das Tarka mit 1½–2 TL Ghee zu.

KAPHA
Geben Sie nach 25 Minuten Gemüse aus Ihrer Tabelle (s. S. 153/154) zum Brei, z. B. 1 Handvoll Blumkohlröschen und 1 kleine Handvoll Erbsen. Zusätzlich 1 TL gehackte Zwiebeln ins Tarka rühren, sobald der Kreuzkümmel duftet. Wenn die Zwiebeln weich sind, je ½ TL fein gehackten Ingwer und Knoblauch zufügen und 1 Minute mitbraten. Das Tarka unter den Brei mischen, mit Salz, Pfeffer und 1 Prise Garam Masala würzen.

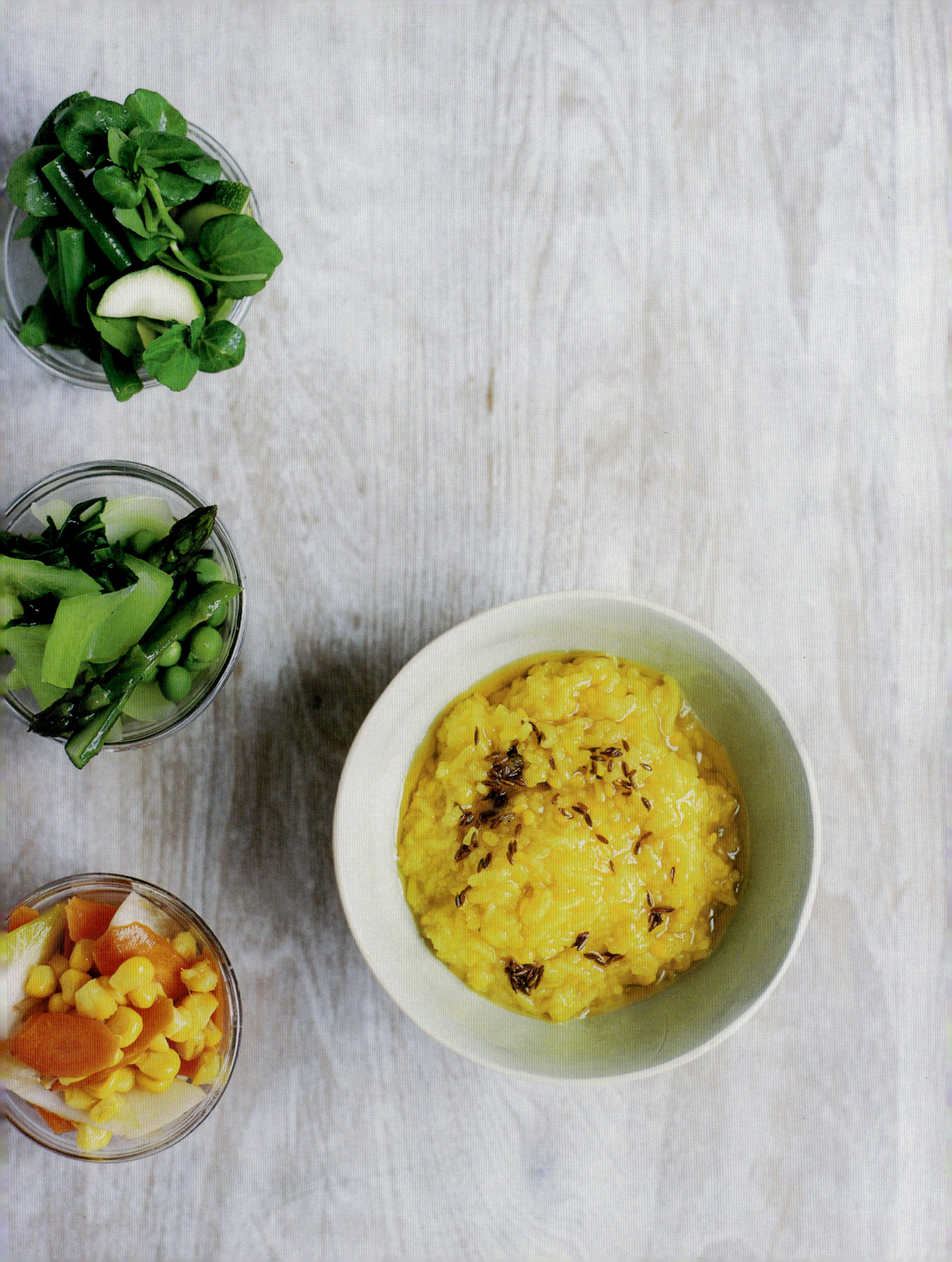

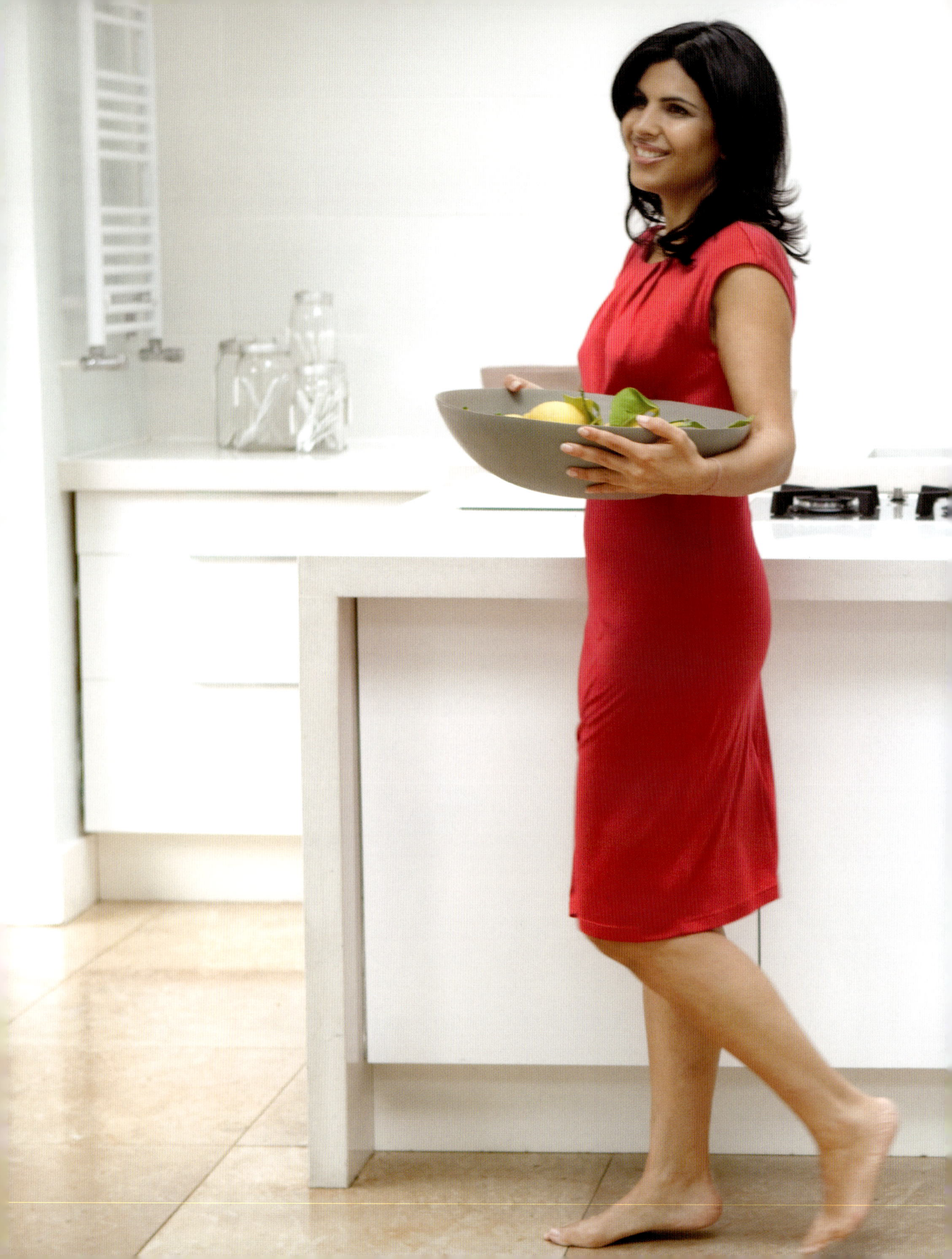

REZEPTE

Ein ayurvedischer Speiseplan enthält traditionell natürlich nur indische Gerichte. Aber ich habe mich auch anderweitig umgesehen. Meine Rezepte sind reich an Geschmacksrichtungen und Zutaten, damit ernähren Sie sich gesund und abwechslungsreich. Manche Gerichte eignen sich für Sie sicher besser als andere, doch alle versorgen Sie auf ihre Weise mit Nährstoffen. Aber die einzelnen Zutaten wirken sich auch auf Ihre Doshas aus. Solange Sie das berücksichtigen (und Sie sich nicht in einem gravierenden Ungleichgewicht befinden), können Sie jedes Gericht mit den Nahrungsmitteln ausgleichen, die Sie den restlichen Tag über essen. Grundsätzlich sollten Sie aber Rezepte wählen, die Ihr dominierendes Dosha im Gleichgewicht halten und gut verdaulich sind.

Zum Einstieg

Nahrungsmittel wirken im Körper auf subtile Weise. Sie sind viel mehr als nur die Summe ihrer Proteine, Fette und Kalorien. Nachfolgend einige Zutaten, die aus ayurvedischer Sicht sehr wichtig sind. Und Ernährungswissenschaftler stimmen mittlerweile meist zu.

Ghee

Eine gewisse Menge Fett ist für die körperliche und geistige Gesundheit unabdingbar. Aber nicht alle Fette werden gleich hergestellt. Ghee, geklärte Butter, gilt in der westlichen Welt als »schlecht«, ist aber im Ayurveda eine hoch geschätzte Zutat. Mit Ghee statt mit Öl zubereitete Gerichte sind nach ayurvedischer Lehre leichter verdaulich, kühlend (Öl erhitzt) und stärken das Agni. Ghee bringt Pita und Vata ins Gleichgewicht (Öl gleicht nur Vata aus), stärkt, nährt und verlängert das Leben.

Die Forschung hat gezeigt, dass Ghee antioxidativ, antiviral und antikanzerogen wirkt und reich an Vitaminen und Mineralien ist. Es regt die Bildung von Magensäure an, die für die Verdauung sehr wichtig ist. Die vorwiegend kurzkettigen gesättigten Fettsäuren im Ghee sind leichter zu verdauen als die längerkettigen vieler Öle. Die enthaltene konjugierte Linolsäure soll sogar Körperfett abbauen. Ghee hat einen hohen Rauchpunkt, deshalb entstehen beim Erhitzen keine freien Radikale. Geben Sie deshalb ein oder zwei Löffel Ghee statt Öl zu Ihren Speisen.

Tierisches Eiweiß

Fleisch wurde einst von der Medizin bei der Behandlung Unterernährter eingesetzt. Aus ayurvedischer Sicht ist es jedoch problematisch, dass sich die meisten Menschen heute mit tierischem Eiweiß ernähren. Zwar ist Fleisch nährend, stärkend und wärmend, aber schwer verdaulich. Die Inder mieden es früher weitgehend, da sie glaubten, ein anderes Lebewesen zu töten, wirke sich negativ auf die eigene spirituelle Entwicklung aus. Häufiger Verzehr von Fleisch kann auch zu Lethargie und Trägheit führen (s. S. 21). Selbst in der modernen Wissenschaft gilt übermäßiger Fleischgenuss als Grund für viele lebensbedrohliche Krankheiten.

Im Hinblick auf die Doshas sind tierische Proteine süß, schwer und erhitzend. Beim Kapha-Typ erhöht Fleischkonsum nur noch die Schwere, was dieser Körpertyp gar nicht braucht. Er sollte nur leichtes, weißes Fleisch essen. Auch Pitta wird durch die erhitzenden, schweren Eigenschaften belastet. Rotes Fleisch, Schweinefleisch und Krustentiere wirken am stärksten erhitzend und werden daher in den Rezepten ganz ausgespart. Fisch und Hähnchen sind hier die beste Wahl. Bei Personen mit Vata-Ungleichgewicht wirkt sich Fleischgenuss in der Regel positiv aus. Sie müssen jedoch darauf achten, dass es gut verdaulich ist, und sollten nur kleine Portionen essen. Kaufen Sie Bio-Fleisch aus artgerechter Tierhaltung. Auch lohnt es sich, Fleisch zumindest manchmal durch pflanzliche Proteine zu ersetzen.

Milchprodukte und tierische Proteine vertragen sich im Magen nicht. Ich verwende daher bei Fisch- und Hähnchenrezepten weder Sahne noch Käse.

Milch

Im Ayurveda galt Milch früher als wertvolle, reichhaltige Zutat. In Teilen Indiens wird sie im Rohzustand geliefert und erst zu Hause gekocht, um die Bakterien abzutöten. Ihre Eigenschaften sind süß, kühl und schwer. Ayurvedische Ärzte sind jedoch der Ansicht, dass das Pasteurisieren (Abkochen) der Milch ihre Energien verändert und sie schwerer verdaulich macht. Trinken Sie Milch allein und getrennt von salzigen und sauren Speisen.

Am besten wird Milch mit süßen Gewürzen wie Kardamom, Zimt und Muskat gekocht, die ihre kalte und schwere Natur ausgleichen (nach Geschmack süßen). In dieser Form stärkt sie Ojas, unsere Abwehrkräfte und unsere Vitalität. Warme Milch ist besonders für Vata-Menschen ein wunderbares Nahrungsmittel, da sie beruhigt und erdet. Für Pitta ist sie kühlend, während sie beim Kapha-Typ zu Verstopfung und Schleimbildung führen kann. Dieser Körpertyp weicht besser auf leichtere Ziegen-, Reis- oder Sojamilch aus. Wenn Ihre Verdauung schwach ist oder Sie unter Husten, Erkältung, einer Nebenhöhlenerkrankung oder Schleimbildung leiden, meiden Sie Milch, bis die Symptome verschwunden sind.

Joghurt

Joghurt erhitzt den Körper, statt ihn zu kühlen. Er erhöht Kapha aufgrund seiner Schwere und Pitta aufgrund seiner Säure. Er kann Körperkanäle verstopfen, den Vata-Fluss hemmen und zu Stagnation und Wassereinlagerungen führen und wirkt dämpfend auf das Agni. Am besten isst man ihn zu Mittag, wenn das Agni am stärksten ist, oder trinkt ihn verdünnt als Lassi (s. S. 152), das nahrhaft wie Joghurt, aber leichter verdaulich ist. In Kombination mit Fleisch, Obst oder anderen Milchprodukten meiden.

Obst

Reife Früchte der Saison gelten als Nektar für den Körper. Sie sind reinigend und steigern Ojas, die »Glücksenergie« im Körper. Frisches Obst isst man jedoch am besten allein zum Frühstück oder als Snack, da es sich mit anderen Nahrungsmitteln nicht gut verträgt.

Tomaten

Viele Ayurveda-Ärzte raten ihren Patienten, auf Tomaten ganz zu verzichten. Roh können sie schwer verdaulich sein, Haut und Kerne sind sogar völlig unverdaulich. Pitta sollte wegen der Säure auch gekochte Tomaten meiden, Kapha und Vata vertragen sie nur begrenzt.

Man vermutet, dass Tomaten Gliedersteifigkeit und -schmerzen verschlimmern, im Darm erhitzend und befeuchtend wirken und Blähungen und Sodbrennen auslösen. Auch die anderen Gemüse der Nachtschattenfamilie werden im Ayurveda mit Skepsis betrachtet und stets mit Gewürzen zubereitet, damit sie besser verdaulich sind. Tomaten kommen nur in wenigen meiner Rezepte vor. Beobachten Sie, wie Sie sich nach dem Verzehr fühlen. Wenn Sie sie nicht vertragen, ersetzen Sie sie durch Zitronensaft oder Gewürze wie Mango- oder Granatapfelpulver.

Weizen

Nach ayurvedischer Lehre ist Weizen eine der herausragenden Getreidearten. Er ist süß, kühl und herb und galt lange als stärkend und nährend. Doch moderner Weizen enthält mehr Gluten, ist daher klebriger und ruft vermehrt Schleimbildung und Verstopfung hervor. Gluten kann Arthritis verstärken, zu Allergien führen, Körperkanäle verstopfen und träge machen.

Meiden Sie industrielle Weizenprodukte und Brote. Ich verwende häufig Dinkel oder Kamut, Getreidesorten mit niedrigerem Glutengehalt. Testen Sie auch andere Getreide wie Gerste, Quinoa, Buchweizen, Hirse und Maismehl.

Bohnen kochen

Außer Mungbohnen müssen alle getrockneten Bohnen vor dem Kochen eingeweicht werden, um sie verdaulich zu machen. Dies verkürzt außerdem die Kochzeit. Die Bohnen gründlich waschen und eventuelle Steinchen entfernen. Mindestens 4–6 Stunden, besser über Nacht, in reichlich Wasser einweichen. Dann in viel frischem Wasser weich köcheln lassen. Mungbohnen brauchen etwa 40 Minuten, Kichererbsen und Kidneybohnen 1¾ Stunden. Dabei entstehenden Schaum abschöpfen. Zur Berechnung des Trockengewichts die angegebene gekochte Menge durch 2,5 teilen (100 g gekochte Bohnen entsprechen 40 g Trockenbohnen).

FRÜHSTÜCK

Das Frühstück ist meine Lieblingsmahlzeit. Ich verstehe nicht, wie man es auslassen kann. Aber im Ayurveda gilt ja: Wer keinen Hunger hat, soll auch nichts essen. Warten Sie daher, bis sich der Hunger meldet. Essen Sie dann etwas Leichtes, sodass Sie später Ihr Mittagessen noch einnehmen können.

Vata bleibt mit warmen, gekochten Speisen wie Brei, Eiern oder Pfannkuchen im Gleichgewicht. Meiden Sie trockene Getreideflocken oder weichen Sie sie in zimmerwarmer Milch ein. Statt Kaffee schmeckt Chai mit Milch (s. S. 152).

Pitta-Typen greifen zu kühlenden Speisen wie Müsli, Cornflakes oder Toast. Vermeiden Sie salzige, fettige Speisen wie Wurst – sie erhitzen, sind schwer und verstärken das Pitta. Essen Sie von Eiern nur das Eiweiß, da auch das Eigelb erhitzt. Meiden Sie Kaffee, Tee, Orangensaft und Joghurt und trinken Sie lieber Getreidemilch, Fenchel- oder Pfefferminztee.

Kapha-Typen sollten nur essen, wenn sie Hunger haben. Wählen Sie warme, leichte Speisen wie Obstkompott (s. S. 68). Essen Sie Obst am Morgen pur, denn es stärkt das Immunsystem und erhöht die Vitalität. Mit warmen, gedünsteten Äpfeln starten alle Doshas gut in den Tag.

Grießbrei mit Kardamom

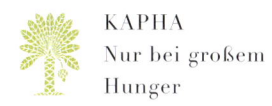

VATA
Bestens geeignet

PITTA
Ideales Winterfrühstück

KAPHA
Nur bei großem Hunger

Zum Einstieg ein feines Frühstück: warm, gut verdaulich, cremig und leicht. Das Rezept basiert auf einem indischen Dessert. Mit weniger Fett und Zucker wird daraus ein gesundes Frühstück. Der Grießbrei ist ideal für Vata, eignet sich aber auch für Pitta, besonders in den kälteren Monaten. Für Kapha empfiehlt sich eigentlich ein Frühstück ohne Weizen. Haben Sie aber großen Hunger (Kapha-Typen haben morgens oft keinen Appetit), bereiten Sie den Brei für dieses Dosha mit Reis- oder Sojamilch zu. Geben Sie noch ein paar Rosinen dazu, verringern Sie den Zucker und träufeln Sie etwas Honig über den Brei. Die Mandeln müssen über Nacht eingeweicht werden.

Für 1 Person

1 TL Ghee oder Butter
   (Kapha nur ½ TL)
35–40 g Weizengrieß (je nach Appetit)
170–220 ml halb Milch, halb Wasser
   (170 ml für einen dickeren,
   220 ml für einen flüssigeren Brei)
1½–2 TL Zucker
1 grüne Kardamomkapsel, Hülse entfernt, Samen im Mörser zerstoßen
3 Mandeln, über Nacht in Wasser eingeweicht, enthäutet und in Scheiben geschnitten (oder im Winter geröstete Sesamsaat)
Honig (Kapha) oder Ahornsirup (Vata und Pitta) zum Beträufeln

Das Ghee in einem kleinen Topf erwärmen. Den Grieß einstreuen und 2–3 Minuten bei mittlerer Hitze unter Rühren braten, bis er sich hellgelb färbt. Die Milchmischung zugießen. Dabei sprudelt die Masse kurz, wird dann aber wieder glatt.

Zucker und Kardamom zufügen und den Brei unter Rühren noch 2–3 Minuten köcheln lassen, bis der Grieß ausgequollen ist. Der Brei dickt beim Abkühlen noch weiter an. Für eine flüssigere Konsistenz noch etwas Milchmischung unterrühren. (Ich persönlich bevorzuge dickeren Brei).

Den Brei in eine Schale füllen, mit Mandeln oder geröstetem Sesam bestreuen und mit etwas Honig (Kapha) oder Ahornsirup (Vata und Pitta) beträufeln.

Maispfannkuchen mit Zitrone und Heidelbeeren

VATA
Haferflocken statt Maismehl verwenden, siehe Zubereitung

PITTA
Haferflocken statt Maismehl verwenden, siehe Zubereitung

KAPHA
Maismehl ist bestens geeignet

Diese vielseitigen Pfannkuchen sind wunderbar zum Frühstück oder Brunch. Schnell und ohne Ei zubereitet eignen sie sich auch gut für Vegetarier. Die Küchlein sind leicht und locker, das Maismehl sorgt für leichten Biss. Maismehl wirkt trocknend und ist für Kapha-Typen besser geeignet als Weizen. Für Vata oder Pitta können Sie es durch Haferflocken ersetzen.

Ergibt 12 kleine Pfannkuchen

2 TL Butter
50 g Weizen- oder Dinkelmehl
50 g feines Maismehl
1¾ EL Rohrohrzucker
1 TL Backpulver
½ TL abgeriebene Schale von 1 Bio-Zitrone
1 gehäufter EL getrocknete Heidelbeeren oder Rosinen
130–135 ml Buttermilch
1 TL Zitronensaft
Honig (Kapha) oder Ahornsirup (Pitta und Vata) zum Beträufeln

Die Butter in einer beschichteten Pfanne schmelzen lassen.

Beide Mehle, Zucker, Backpulver, Zitronenschale und Beeren in einer Schüssel mischen. In die Mitte eine Mulde drücken und Buttermilch, Zitronensaft und die flüssige Butter hineingießen. Alles von der Mitte aus nach und nach zu einem Teig verrühren. (Für Vata und Pitta 60 g Mehl und 40 g zarte Haferflocken sowie 145 ml Buttermilch verwenden.)

Die Pfanne erneut, aber ohne weiteres Fett, erhitzen. Pro Pfannkuchen 1 Esslöffel Teig in die Pfanne geben. Dabei ausreichend Platz zwischen den einzelnen Teighäufchen lassen, da die Pfannkuchen etwa 5 cm groß werden. Die Hitze reduzieren und die Pfannkuchen etwa 1 Minute backen, bis ihre Unterseite fest und goldgelb ist. Vorsichtig wenden und die zweite Seite ebenfalls in 1 Minute goldgelb backen. Die Pfannkuchen auf einen Teller gleiten lassen, zudecken und warm stellen. Mit dem restlichen Teig ebenso verfahren.

Die Pfannkuchen für Kapha mit Honig, für Pitta oder Vata mit Ahornsirup beträufelt servieren. Beide dürfen auch noch etwas Butter oder Ghee daraufgeben.

FRÜHSTÜCK · 61

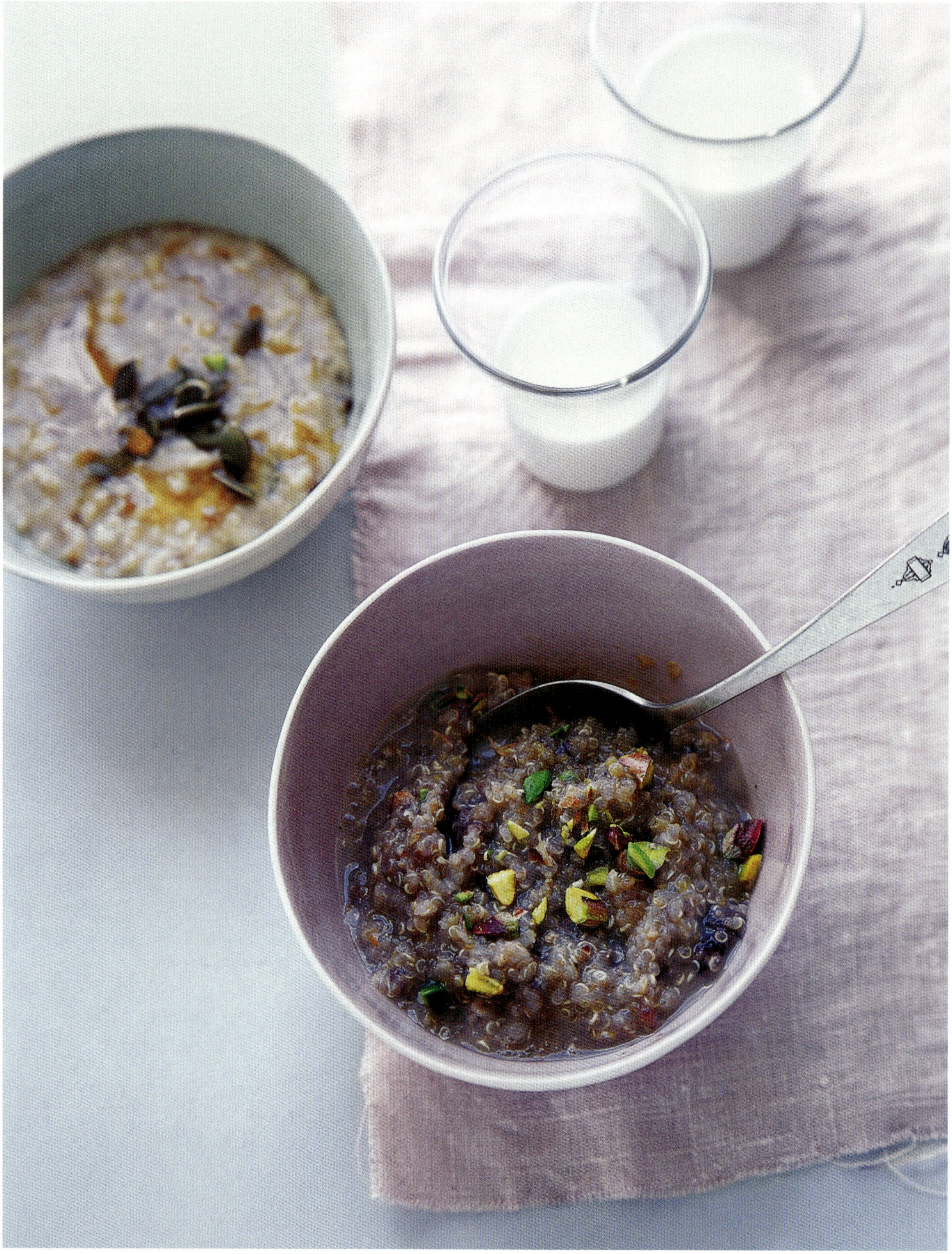

Energie-Porridge

VATA Nahrhaft und leicht verdaulich

PITTA Ideal im Winter, evtl. mit Trockenfrüchten

KAPHA Nur gelegentlich, evtl. mit Trockenfrüchten

Für 1 Person

- 30–40 g Haferflocken
- 220–280 ml Milch, Wasser oder beides gemischt (ich verwende halb Sojamilch, halb Wasser)
- 1 Zacken Sternanis (nach Belieben)
- ½–⅓ TL gemahlener Zimt
- ½ TL Vanilleextrakt oder Vanilleessenz (nach Belieben)
- 1 EL Kürbiskerne, geschroteter Leinsamen oder Pistazienkerne
- Agavensaft, Ahornsirup, Rohrohrzucker oder Honig

Besonders in England ist Porridge ein beliebtes Standardfrühstück aufgrund der herzstärkenden Eigenschaften des Hafers. In der ayurvedischen Ernährung gilt Hafer als wärmend, nährend und magenschonend. Etwas Gewürz macht die Milch leichter verdaulich. Wenn Sie sich damit jedoch träge fühlen, verwenden Sie Reis-, Soja- oder Mandelmilch oder nur Wasser. Die Mengen lassen sich nur schwer bestimmen. Richten Sie sich nach Ihrem persönlichen Bedarf und essen Sie, bis Sie sich etwa halb satt fühlen. Ich bin in der Regel morgens hungrig und nehme 35 g Haferflocken.

Haferflocken, Milch und nach Belieben Sternanis in einem kleinen Topf zum Kochen bringen. Einige Minuten köcheln lassen, bis die Haferflocken weich sind. Bei Bedarf noch etwas Milch zugießen.

Zimt, nach Belieben Vanilleextrakt und Kürbiskerne einrühren. Den Porridge nach Geschmack süßen und servieren.

Linke Seite: Quinoa-Porridge mit süßen Gewürzen (vorne), Energie-Porridge (hinten)

Quinoa-Porridge mit süßen Gewürzen

VATA Trockenfrüchte weglassen

PITTA Gut geeignet

KAPHA Gut geeignet

Für 1 Person (reichlich)

- 40–50 g Quinoa, gut gewaschen
- 200 ml Reis-, Mandel-, Soja- oder Kuhmilch
- 2 TL getrocknete Heidelbeeren (Pitta), Cranberrys, Kirschen oder Rosinen
- ⅓ TL gemahlener Zimt
- ½ Sternanis
- ½ TL Vanilleextrakt oder Vanilleessenz (nach Belieben)
- ½ TL abgeriebene Schale von 1 Bio-Orange (nach Belieben)
- Agavensaft, Ahornsirup, Rohrohrzucker oder Honig
- 1–2 TL Kürbiskerne

Quinoa ist reich an Aminosäuren. Das vollwertige Protein eignet sich hervorragend als Frühstück für alle Doshas (für Vata besser die Trockenfrüchte weglassen). Es schmeckt warm im Winter und kalt im Sommer, besonders dann, wenn man sich träge fühlt. Quinoa ist ein leichtes Getreide, allerdings fehlt ihm das nussige Aroma von Haferflocken. Geben Sie deshalb andere Geschmacksgeber Ihrer Wahl zu.

Quinoa, Milch und 200 ml Wasser in einem kleinen Topf aufkochen. Halb zugedeckt etwa 30 Minuten köcheln lassen, bis die Quinoa weich ist. Nach 15 Minuten die Trockenfrüchte, Zimt, Sternanis, nach Belieben Vanilleextrakt und Orangenschale hinzufügen. Bei Bedarf noch etwas Wasser zugießen. Ist der fertige Porridge zu trocken, noch etwas warmes Wasser zugießen. Ist er zu flüssig, die überschüssige Kochflüssigkeit bei starker Hitze verdampfen lassen. Den Topf vom Herd nehmen und den Porridge nach Geschmack süßen. Mit Kürbiskernen bestreut servieren.

Sojamilch
Dieses Gericht schmeckt auch lecker mit Sojamilch. Die Quinoa jedoch erst 20 Minuten in Wasser kochen, dann die Sojamilch zugießen.

Würziger Tofu gerührt

VATA
Nur geeignet, wenn Tofu gut verdaut wird

PITTA
Bestens geeignet, aber an diesem Tag auf weitere erhitzende Gerichte verzichten

KAPHA
Bestens geeignet, mit Roggenbrot servieren

Für 1 Person

1 TL Ghee oder Pflanzenöl
1 grüne Peperoni (nach Belieben), mit der Messerspitze angestochen
½ kleine Zwiebel, geschält und fein gehackt (etwa 3 EL)
½ kleine Knoblauchzehe, geschält und gehackt
½ mittelgroße Tomate, gewürfelt
½ TL Garam Masala
½ TL gemahlener Kreuzkümmel
1 Msp. gemahlene Kurkuma
Steinsalz und gemahlener schwarzer Pfeffer
100 g Tofu, in kleine Stücke geschnitten
1 kleine Handvoll frisch gehacktes Koriandergrün

Hier ein wunderbares Frühstück für Kapha, das wärmt und nährt, aber dennoch leicht ist. Für Kapha und Pitta ist Tofu ein besserer Eiweißlieferant als Eier. Ideal, um in einen arbeitsreichen Tag zu starten. Ich esse dazu ein wenig Vollkorntoast oder ein Fladenbrot. Lecker schmeckt dazu auch das Fladenbrot mit Spinat und Zwiebeln (s. S. 141, auf S. 65 rechts im Bild). Für Vata ist das Gericht ebenfalls gut geeignet, sofern Tofu problemlos verdaut wird.

Das Ghee in einer kleinen, beschichteten Pfanne erhitzen. Peperoni und Zwiebelwürfel zufügen und braten, bis sich die Zwiebeln an den Rändern goldbraun färben. Knoblauch einrühren und 30–40 Sekunden mitbraten. Tomate, Garam Masala, Kreuzkümmel, Kurkuma, Salz und Pfeffer zugeben und bei mittlerer Hitze 3–4 Minuten garen, bis die Tomate weich ist.

Den Tofu und einen Spritzer warmes Wasser zufügen und 5 Minuten schmoren. Die Tofustücke mit dem Rücken eines Kochlöffels oder mit einem Kartoffelstampfer zerdrücken, sodass sie wie Rührei aussehen. Mit Koriandergrün bestreuen und sofort servieren.

FRÜHSTÜCK · 65

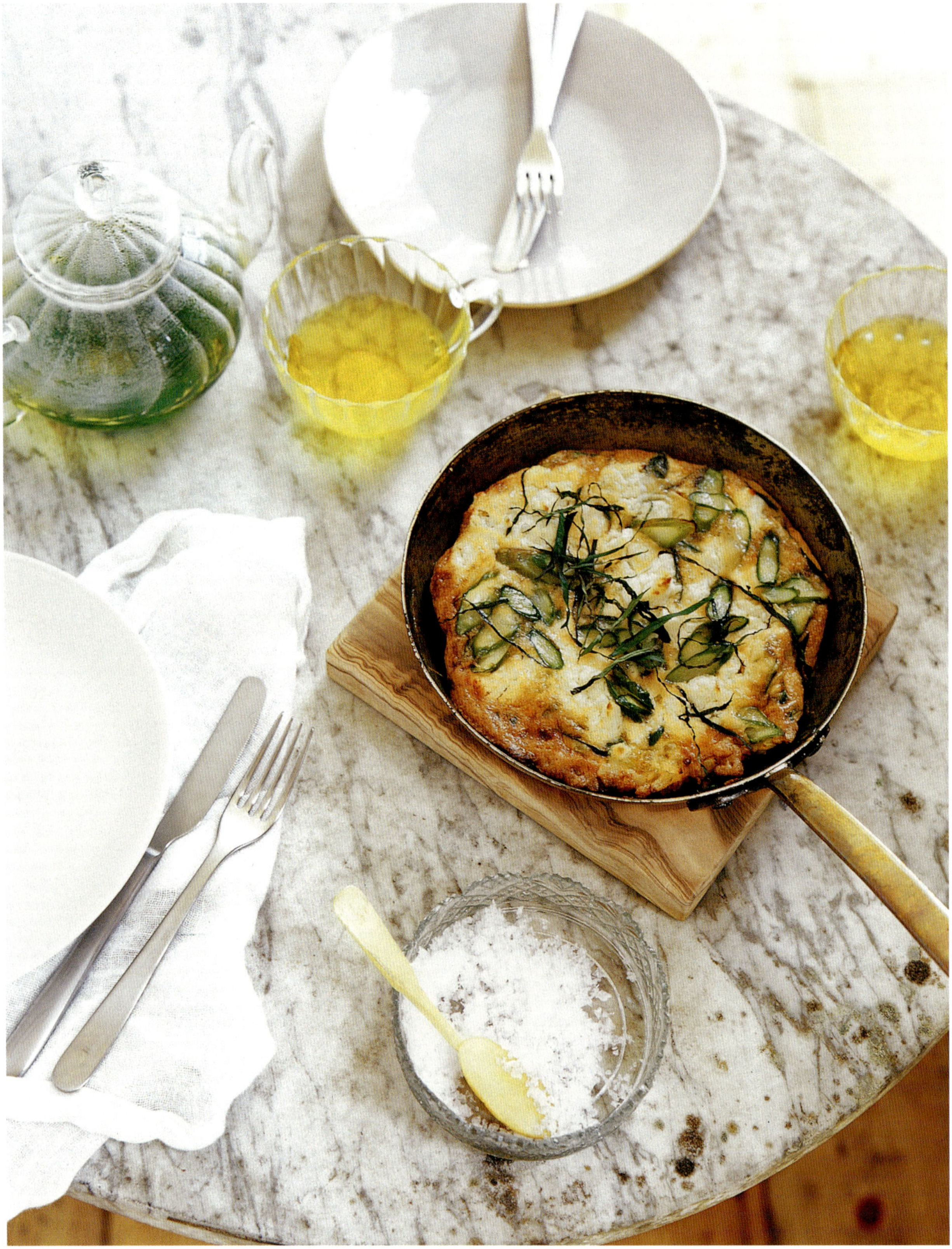

Spargelfrittata mit Ziegenkäse

VATA
Ideal zum Frühstück

Eier sind ein ideales Frühstück für Vata. Sie sind wärmend und nährend, können aber leichter vom Körper verarbeitet werden als viele andere Proteine. Für eine Frittata lassen sich ganz wunderbar Gemüsereste verwerten – egal, was Sie gerade zur Hand haben. Besonders gerne mag ich die Frittata mit Ziegenkäse, sie schmeckt jedoch auch ohne lecker. Am besten bereiten Sie die Frittata in einer kleinen Pfanne zu, damit sie schön dick wird.

Für 2 Personen

3 dicke Stangen grüner Spargel, holzige Enden entfernt, Stangen diagonal in dünne Scheiben geschnitten
4 Eier (Größe L)
½ TL Steinsalz
1 kräftige Prise gemahlener schwarzer Pfeffer
½ TL abgeriebene Schale von 1 Bio-Zitrone
8 große frische Minzeblätter, zerpflückt
½ EL Pflanzenöl
½ EL Butter oder Ghee
½ kleine bis mittlere Zwiebel, geschält und gehackt
40 g Ziegenkäse, zerbröckelt

Den Spargel in kochendem Wasser 1–2 Minuten blanchieren oder nach Wunsch weicher garen. Dann abgießen und abtropfen lassen. Eier, Salz, Pfeffer, Zitronenschale und Minze verquirlen.

Den Backofengrill auf 180 °C vorheizen. Öl und Butter in einer kleinen, beschichteten Pfanne (etwa 15 cm Ø) mit ofenfestem Griff erhitzen. Die Zwiebelwürfel hineingeben und braten, bis sie weich und an den Rändern goldgelb sind. Spargel, Eimasse und Ziegenkäse zufügen. Die Pfanne zudecken und die Eimasse bei sehr schwacher Hitze 2–4 Minuten stocken lassen. Den Deckel abnehmen und die Frittata weitergaren, bis sie von unten zu drei Vierteln fest ist.

Die Pfanne unter den Grill stellen. Die Frittata grillen, bis die Oberfläche leicht gebräunt ist und luftige Blasen wirft.

Variante
Für 1 Person die Mengen halbieren und die Eimasse einrühren, sobald die Zwiebeln goldgelb sind. Mit Vollkorntoast servieren.

Würziges Obstkompott

VATA Weitere Zutaten siehe unten

PITTA Weitere Zutaten siehe unten

KAPHA Ideales Frühstück, nach Wunsch mit Trockenfrüchten ergänzen

⅓ TL Speisestärke
1 kleiner Apfel, entkernt, in Würfel oder Scheiben geschnitten
3 Trockenpflaumen
1 Zimtstange
1 Scheibe Ingwer, geschält
½–1 TL Zitronensaft
½ TL abgeriebene Schale von 1 Bio-Zitrone
1 kleine Birne, entkernt und gewürfelt
½–1 TL Honig, Ahornsirup oder Agavensaft

Für 1 Person (reichlich)

Mit Äpfeln lässt sich Kapha hervorragend ausgleichen, bei einem Kapha-Ungleichgewicht sollte man den Tag sogar mit Apfelmus beginnen. Gekochte Äpfel sind für alle Doshas gut und steigern das Ojas (Vitalität). Birnen sind ideal zum Hormonausgleich und für die Energie. Das Kompott schmeckt im Sommer wie im Winter zum Frühstück. Besonders gut ist es allerdings für Pitta im Winter, eventuell noch mit Kokosflocken und etwas Butter oder Ghee ergänzt. Vata-Typen können 1 Esslöffel gemahlene Mandeln und ein Stück Butter oder Ghee einrühren. Pflaumen liefern viele Ballaststoffe und Vitamine. Die Zubereitungszeit des Kompotts hängt vom Reifegrad der Früchte ab. Weiche Birnen erst am Ende der Kochzeit zugeben.

In einem kleinen Topf die Speisestärke und 3 Esslöffel Wasser verrühren. Apfelstücke, Pflaumen, Zimt, Ingwer, Zitronensaft und -schale zufügen. Zugedeckt bei schwacher bis mittlerer Hitze 5 Minuten garen, bis die Äpfel weich sind. Birnenstücke einrühren und zugedeckt weitere 2–4 Minuten kochen. Das Kompott dann offen weiterkochen, bis die Fruchtstücke weich und von sirupartigem Sud umhüllt sind. Bei Bedarf noch 1 Esslöffel warmes Wasser einrühren.

Das Kompott vom Herd nehmen, nach Geschmack süßen und servieren.

Glückssaft

VATA Geeignet

PITTA Geeignet

KAPHA Geeignet

14 Mandeln (8–9, wenn das Getränk mit Milch zubereitet wird)
3 mittelgroße Datteln
einige Safranfäden (nach Belieben)
220 ml Wasser oder halb Wasser, halb Reismilch (oder andere Milch)
1 Prise gemahlener Kardamom

Für 1 Person

Ob nach einem reichhaltigen Abendessen oder wenn sich Ihr Körper träge anfühlt, dieser Drink ist ein wunderbar leichtes Frühstück – und dazu noch bekömmlich, nahrhaft und köstlich. Datteln sind für alle Doshas gut, da sie das Gewebe straffen und das Blut reinigen. In Kombination mit den Mandeln werden sie gewissermaßen zu einem Gesundheitselixier und steigern das Ojas (Vitalität, Wohlbefinden und Seligkeit). Wenn Sie das Getränk mit Wasser zubereiten, benötigen Sie alle Mandeln, bei Milch nur 8–9, sonst wird der Saft zu dick.

Mandeln und Datteln über Nacht in heißem Wasser einweichen.

Danach abgießen und die Mandeln enthäuten. Nach Belieben den Safran in 1 Esslöffel heißem Wasser auflösen und 10 Minuten ziehen lassen.

Mandeln, Datteln und Wasser oder Milchmischung (Kuhmilch vorher aufkochen und wieder abkühlen lassen) in einem Mixer pürieren. Safran samt Einweichflüssigkeit und Kardamom einrühren und servieren.

Arme Ritter mit Karamellnüssen

VATA
Warm und nahrhaft, kann auch mit Eigelben zubereitet werden

PITTA
Bestens geeignet als ausgleichendes Gericht

KAPHA
Nur gelegentlich, mit Honig servieren

Diese leichte Variante der klassischen Armen Ritter wird nur mit Eiweiß zubereitet. Da Eiweiß neutral ist, eignen sie sich gut als ausgleichendes Gericht für Pitta. Die Kokosflocken ersetzen das Aroma des Eigelbs, zudem wirken sie kühlend auf den Körper. Ich serviere die Ritter gerne mit Walnusskaramell aus Palmzucker, weil Palmzucker voller wichtiger Mineralstoffe steckt. Sie können ihn aber auch weglassen oder nur Walnüsse verwenden. Das warme, nahrhafte und leichte Gericht eignet sich auch gut für Vata und gelegentlich für Kapha, dann allerdings mit Honig statt Ahornsirup und Kürbiskernen statt Walnüssen.

Für 2 Personen

2 Eiweiß, verquirlt
1½ TL Rohrohrzucker
2 Scheiben Brot nach Wahl (ich bevorzuge Weizen- oder Dinkelbrot)
1½ EL Kokosraspel
2 TL Pflanzenöl
Ahornsirup zum Servieren

Für den Karamellnüsse

20 g dunkler Palmzucker (nicht raffiniert), gemahlen
12 Walnusskernhälften
Öl zum Arbeiten

Für die Karamellnüsse den Palmzucker mit 2 Esslöffeln Wasser in einem kleinen Topf zum Köcheln bringen. Wenn sich der Zucker aufgelöst hat, den Sirup noch 1 Minute weiterköcheln lassen, bis er glänzt. Die Walnüsse einrühren, bis sie rundum mit Sirup überzogen sind. Einen Löffel und einen Teller mit Öl bepinseln. Die Nüsse mit dem Löffel aus dem Topf heben und auf den Teller legen. Etwa 8 Minuten abkühlen lassen, bis der Karamell hart ist.

Eiweiße und Zucker verquirlen, bis er sich aufgelöst hat. In eine flache Schale gießen und das Brot darin einweichen. Die Brotscheiben dann in den Kokosraspeln wenden, bis beide Seiten vollständig bedeckt sind.

Das Öl in einer beschichteten Pfanne erhitzen. Die Brote darin bei mittlerer Hitze von jeder Seite in 1–2 Minuten knusprig braten. Kokosraspel, die sich dabei lösen, wieder auf die fertig gebackenen Scheiben streuen.

Die Brote diagonal halbieren und mit Ahornsirup beträufeln. Die Karamellnüsse darauf verteilen und servieren.

SUPPEN

Suppen sind eine köstliche Möglichkeit, ayurvedisch zu essen. Sie sind leicht verdaulich, wärmend, nahrhaft und sättigend und versorgen Sie auf köstliche Weise mit Gemüse. Suppen können Auftakt zu einem leichten Menü oder eine Mahlzeit für sich sein. In diesem Kapitel finden Sie Rezepte für Möglichkeiten.

Wärmende, sämige und bekömmliche Suppen eignen sich besonders für Vata. Eine Gemüsesuppe dürfen Sie zuletzt sogar mit etwas Sahne oder Parmesan aufpeppen. Eine Scheibe Brot (Dinkel-, Hafer- oder Vollkornbrot) und Butter oder etwas gekochter Reis machen sie zu einer gehaltvollen Mahlzeit. Wegen ihrer wärmenden Eigenschaften und leichten Verdaulichkeit sind Suppen auch gut für Kapha. Meiden Sie aber helles Brot als Beilage. Stattdessen schmecken selbst gemachte Tortillas, Reis, Maisküchlein oder Roggenbrot. Kräftiger wird die Suppe mit etwas gekochtem braunen Reis oder Gerstengraupen.

Warme Suppen empfehlen sich auch für Pitta. Reichen Sie dazu Brot, gekochten Reis oder Graupen.

Mamas Hähncheneintopf

VATA
Ideal, jedoch am besten mit Hähnchenschenkeln

PITTA
Bei Hunger ein Butterbrot dazu essen

KAPHA
Hervorragend geeignet, jedoch am besten mit Brustfleisch

Dieses Rezept stammt von meiner Mutter, die allerdings zuletzt viel Parmesan hinzufügte. Dieser traditionelle, nahrhafte und gesunde Eintopf entspricht exakt den Ernährungsprinzipien des Ayurveda und ist für alle Doshas ideal. Vata und Kapha können ihn mit etwas frisch gemahlenem Pfeffer abschmecken. Servieren Sie den Eintopf als Mittag- oder leichtes Abendessen. Wenn Sie sehr hungrig sind, essen Sie ein wenig Brot dazu, für Vata und Pitta darf es ruhig ein Butterbrot sein.

Für 4 Personen (reichlich)

1½–2½ EL Olivenöl, Pflanzenöl oder Ghee (Kapha 1½ EL, Vata 2½ EL, Pitta 2 EL)
1 frisches Lorbeerblatt
3 Zweige frischer Thymian
1 große Zwiebel, geschält und gehackt
6 Knoblauchzehen, geschält und gehackt
1 EL Speisestärke
1 l gute Hühnerbrühe
3 Hähnchenschenkel oder 2 große Hähnchenbrustfilets, enthäutet
1 mittelgroße Kartoffel, geschält und in 1 cm große Würfel geschnitten
1 kleine Lauchstange (nur den weißen Teil), in feine Scheiben geschnitten
2 mittelgroße Möhren, geschält und in 2 cm große Stücke geschnitten
150 g Blumenkohl, in 2,5 cm große Röschen geteilt
100 g zarte grüne Bohnen, geputzt und halbiert
2 Selleriestangen, in 1 cm große Stücke geschnitten
Steinsalz
3 Stängel Estragon, Blätter abgezupft
1 Handvoll frisch gehackte Petersilie

Das Öl in einer großen, beschichteten Kasserolle erhitzen. Lorbeerblatt, Thymian und Zwiebelwürfel hineingeben und 8–10 Minuten braten, bis die Zwiebeln goldbraun sind. Knoblauch zugeben und 30 Sekunden mitbraten. Speisestärke einstreuen und gut unterrühren. Die Brühe zugießen und das Fleisch hineinlegen. Alles aufkochen und zugedeckt 10–25 Minuten köcheln lassen, bis das Fleisch gar ist. Die Hähnchenbrustfilets benötigen 10–12, die Schenkel 25 Minuten. Zur Garprobe mit einem scharfen Messer ins Fleisch stechen. Wenn der austretende Saft klar ist, ist das Fleisch gar.

Das Fleisch aus der Brühe heben. Kartoffel, Lauch, Möhren, Blumenkohl, Bohnen und Sellerie hineingeben und weich köcheln lassen. Inzwischen das Fleisch in kleine Stücke schneiden.

Eine Schöpfkelle Gemüse mit ein wenig Brühe im Mixer fein pürieren. Das Püree wieder in die Brühe rühren und das Fleisch zufügen. Den Eintopf mit Salz abschmecken. Estragon und Petersilie unterrühren und servieren.

Herzhafte Linsen-Kräuter-Suppe

VATA
Parmesan darüberstreuen

PITTA
Bestens geeignet

KAPHA
Bestens geeignet, nach Wunsch Chiliflocken und Buchweizennudeln zugeben

Langsam gegarte Eintöpfe, in denen sich die Aromen nach und nach verbinden, gelten im Ayurveda als die idealen Gerichte. Diese Suppe ist leicht und gut verdaulich. Gehaltvoller wird sie, wenn Sie während des Garens noch ein paar Nudeln (für Kapha Buchweizennudeln) zugeben oder die fertige Suppe mit einem Vollkornbrötchen (Dinkel oder Roggen) servieren. Vata-Typen dürfen auch noch einen Löffel frisch geriebenen Parmesan darüberstreuen.

Für 4 Personen

2–3 EL Olivenöl (Kapha 2 EL, Pitta 2½ EL, Vata 3 EL)
2 Zweige frischer Rosmarin
2 Zweige frischer Thymian
1 mittelgroße Zwiebel, geschält und fein gehackt
1 Möhre, geschält und gewürfelt
1 Selleriestange, gewürfelt
½ Stange Lauch, in Scheiben geschnitten
2 Knoblauchzehen, geschält und zerdrückt
1 getrocknete Chilischote (nur für Kapha)
650 ml Gemüsebrühe
200 g Puy-Linsen, gewaschen
Steinsalz und gemahlener schwarzer Pfeffer
1 kleine Handvoll frisch gehackte Petersilie
1 Spritzer Zitronensaft (nach Belieben)

Das Öl in einem großen, beschichteten Topf erhitzen. Rosmarin, Thymian, Zwiebel, Möhre, Sellerie und Lauch hineingeben. Alles zugedeckt bei schwacher Hitze 6–7 Minuten braten, bis die Zwiebelwürfel weich sind.

Knoblauch, eventuell Chilischote, Brühe und Linsen zufügen und aufkochen lassen. Dann zugedeckt etwa 25 Minuten köcheln lassen, bis die Linsen gar sind. Etwa ein Drittel der Suppe im Mixer pürieren. Wieder unter die restliche Suppe rühren und diese mit Salz, Pfeffer, Petersilie und nach Belieben Zitronensaft abschmecken. Für eine dünnere Suppe noch etwas heißes Wasser zugießen und servieren.

SUPPEN · 73

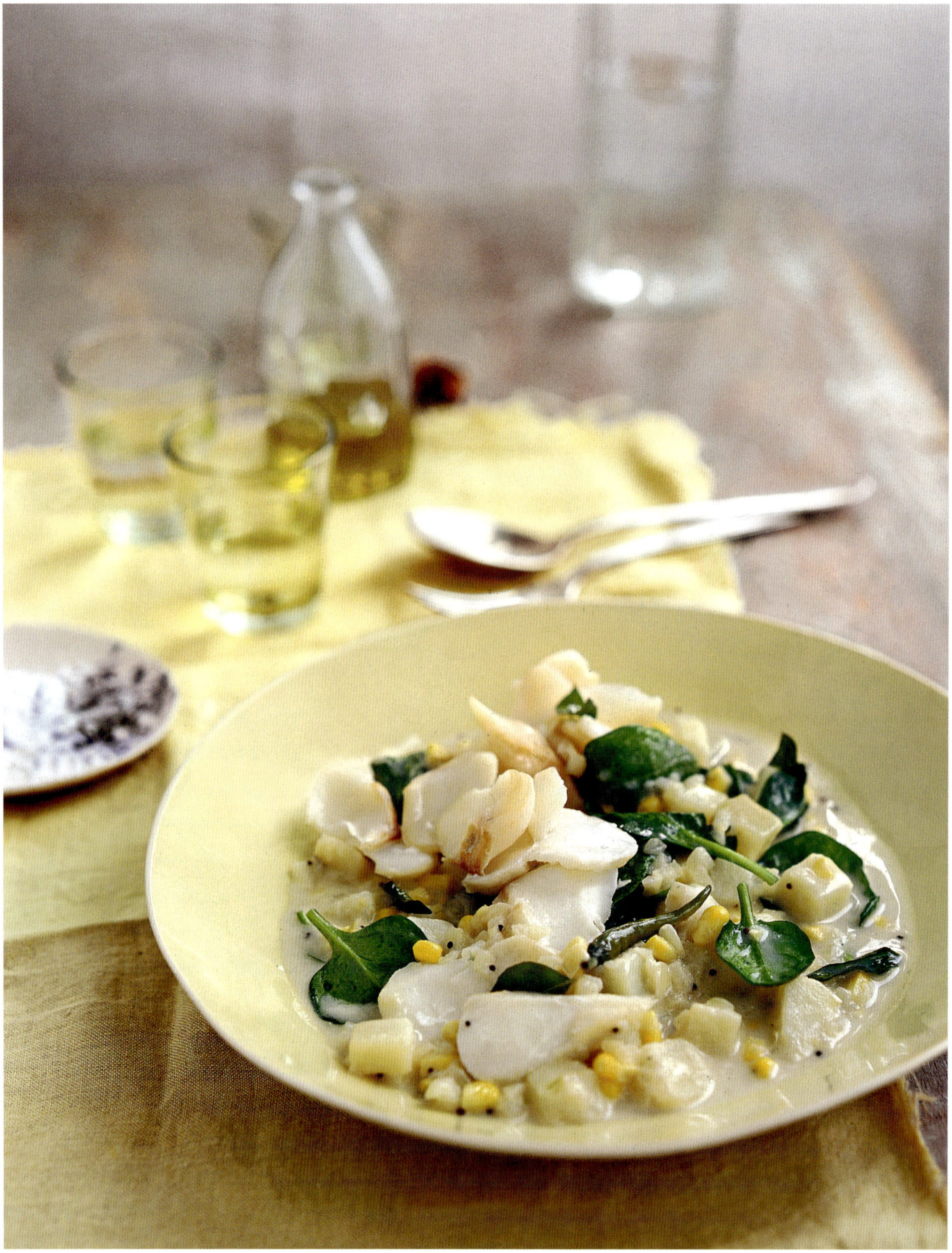

Schellfischtopf mit Mais auf südindische Art

VATA
Mit Brot und Butter servieren

PITTA
Ohne Chilischote

KAPHA
Nur gelegentlich wegen der kühlenden Wirkung

Fischsuppe gehörte schon immer zu meinen Lieblingsgerichten: eine große Schüssel voll mit sämigem, dampfendem, erquickendem Hochgenuss. Ayurveda ist allerdings streng, was das Mischen von Milchprodukten und tierischem Eiweiß angeht. Deshalb bereite ich diese Fischsuppe mit Kokosmilch zu. Außerdem würze ich sie insgesamt pikanter, um ihre südindischen Note zu betonen. Diese Suppe eignet sich gut für Vata und Pitta (ohne Chilischote) und wird mit einer Scheibe Brot serviert (für Vata Butterbrot). Ohne Beilage ist sie auch leicht genug für Menschen mit Kapha-Ungleichgewicht.

Für 1 Person (reichlich)

1–2 EL Pflanzenöl oder Ghee
 (Kapha 1 EL, Pitta 1½ EL, Vata 2 EL)
½ TL Senfkörner
5 frische Curryblätter (nach Belieben)
½ kleine Zwiebel, geschält und gehackt
1 grüne Chilischote (nach Belieben), mit der Messerspitze angestochen
150 ml Kokosmilch
150 g Kartoffeln, geschält und in 2 cm große Würfel geschnitten
60 g Maiskörner, frisch oder tiefgekühlt und aufgetaut
Steinsalz und reichlich gemahlener schwarzer Pfeffer
60 g geräuchertes Schellfischfilet, ohne Haut
120 g frisches Schellfischfilet, ohne Haut
1 große Handvoll junger Spinat oder Wurzelspinat, zerpflückt

Das Öl in einer kleinen, beschichteten Pfanne erhitzen. Die Senfkörner einstreuen und braten, bis sie springen. Nach Belieben Curryblätter, Zwiebel und Chilischote zufügen und 40 Sekunden mitbraten. Kokosmilch und 150 ml Wasser angießen und aufkochen lassen. Kartoffeln und den frischen Mais einstreuen. Die Suppe erneut aufkochen und zugedeckt garen, bis die Kartoffeln weich sind. Einige Kartoffelwürfel in der Suppe zerdrücken, um sie anzudicken. Falls aufgetauter Mais verwendet wird, diesen jetzt zugeben und die Suppe bei Bedarf mit etwas heißem Wasser verdünnen.

Die Suppe mit Salz und Pfeffer abschmecken, Fisch und Spinat in die Suppe geben. Bei schwacher Hitze 3–4 Minuten köcheln lassen, bis der Fisch gar ist und sich leicht zerteilen lässt.

Pikante Maissuppe

VATA
Mit Brot servieren

PITTA
Ohne Peperoni zubereiten, mit Brot servieren

KAPHA
Mit gerösteten Tortilla-Chips servieren

Für 4 Personen

½ EL Ghee oder 1 EL Pflanzenöl
1½ mittelgroße Zwiebeln, geschält und in Scheiben geschnitten
16 g Ingwer, geschält und grob gehackt
4 Knoblauchzehen, geschält und grob gehackt
1–2 grüne Chilischote, mit der Messerspitze angestochen
½ TL gemahlene Kurkuma
1½ TL gemahlener Kreuzkümmel
1½ TL gemahlener Koriander
½–1 TL Garam Masala
Steinsalz
4 Maiskolben, die Körner mit einem Sägemesser abgestreift (nach Belieben 1 Handvoll für die Maisgarnitur beiseitelegen)
½ TL Kreuzkümmel
½ kleine gehackte rote Paprikaschote
1 Handvoll frisch gehacktes Koriandergrün

Diese köstliche und herrlich cremige Suppe empfiehlt sich für alle Doshas (für Pita ohne Chilischote). Sie können die fertige Suppe noch mit gewürztem, geröstetem Mais garnieren, was ihr eine wunderbare Textur gibt. Servieren Sie dazu für Kapha geröstete Tortilla-Chips (siehe unten) oder etwas Brot für Pitta und Vata.

Das Öl oder Ghee in einer großen, beschichteten Kasserolle erhitzen. Die Zwiebeln einstreuen und braten, bis sie goldbraun und weich sind. Ingwer, Knoblauch und Chilischote zufügen und unter Rühren 40 Sekunden mitbraten. Alle Gewürze und Salz zugeben und ebenfalls einige Sekunden unter Rühren mitbraten. Dann den Mais zugeben und so viel Wasser angießen, bis der Mais 4 cm hoch bedeckt ist. Für einen intensiveren Geschmack nach Wunsch die abgeschabten Maiskolben mit in den Topf geben. Die Suppe zugedeckt rund 15–20 Minuten köcheln lassen, bis die Maiskörner zart, aber noch bissfest sind. Die Kolben entfernen.

Die Hitze reduzieren und die Suppe weitergaren, bis sich alle Zutaten gut miteinander verbunden haben. Die Suppe durch ein Sieb streichen und so alle verbliebenen Schalen entfernen. Wasser einrühren, bis die Suppe cremig ist. Abschmecken und nochmals kurz aufkochen lassen. Die Suppe mit Koriandergrün oder mit Maisgarnitur servieren.

Für die Maisgarnitur 1 TL Öl in einem kleinen, beschichteten Topf erhitzen und ½ TL Kreuzkümmel einstreuen. Wenn er knistert, den restlichen Mais und ½ klein gehackte rote Paprikaschote zufügen. Alles in 7–9 Minuten knusprig braten. Dann das Koriandergrün untermischen.

Geröstete Tortilla-Chips

1 Maistortilla
1 TL Pflanzenöl
je 1 Prise Steinsalz und gemahlener schwarzer Pfeffer

Den Backofen auf 180 °C (Umluft 160 °C) vorheizen. Die Tortilla von beiden Seiten mit dem Öl bestreichen und mit Salz und Pfeffer bestreuen. In der Mitte durchschneiden und beide Hälften nochmals halbieren. Die Viertel übereinanderlegen und nochmals halbieren. Die Stücke auf den Rost legen und im Ofen (Mitte) in 7 Minuten goldgelb rösten. Die Chips abkühlen, dabei werden sie hart.

SUPPEN · 77

78 · SUPPEN

Drei-Dosha-Spargelsuppe

VATA
Gut geeignet

PITTA
Ohne Pfeffer und evtl. auch Garam Masala

KAPHA
Gut geeignet

Für 2 Personen

- 1½ TL Pflanzenöl oder Ghee
- ½ kleine bis mittelgroße Zwiebel, geschält und in Scheiben geschnitten
- 1 große Knoblauchzehe, geschält und gehackt
- 250 g grüner Spargel, holzige Enden entfernt, Stangen in 1 cm lange Stücke geschnitten (Spitzen ganz lassen)
- 50 g Kartoffeln, geschält und klein gewürfelt
- 150 ml Gemüsebrühe
- ½ TL Garam Masala (nicht bei gravierendem Pitta-Ungleichgewicht)
- Steinsalz und gemahlener Pfeffer (Pfeffer nicht für Pitta)

Der mineralstoffreiche Spargel empfiehlt sich für alle drei Doshas. Er soll die Fruchtbarkeit fördern und gilt auch als Aphrodisiakum. Deshalb wurde er auch zuweilen als »Dame mit 100 Ehemännern« bezeichnet. Wie alle ayurvedischen Suppen wird diese Spargelsuppe ohne Sahne zubereitet, auch wenn Vata und bis zu einem gewissen Grad auch Pitta schon einen Schuss vertragen können. Servieren Sie die Suppe als Vorspeise oder mit etwas Brot auch als leichtes Hauptgericht.

Das Öl in einem mittelgroßen, beschichteten Topf erhitzen. Die Zwiebel hineingeben und in 4–5 Minuten weich braten. Knoblauch zufügen und unter Rühren 30–40 Sekunden mitbraten. Spargel, Kartoffeln, Brühe und 150 ml Wasser zufügen. Aufkochen lassen, dann zugedeckt etwa 10 Minuten köcheln lassen, bis das Gemüse knapp weich ist.

Die Suppe cremig pürieren und bei Bedarf nochmals kurz erhitzen. Garam Masala einrühren, mit Salz und Pfeffer abschmecken und servieren.

Gegenüber: Drei-Dosha-Spargelsuppe (in hellen Schüsseln) und Fenchelsuppe mit Estragon (in dunklen Schüsseln)

Fenchelsuppe mit Estragon

VATA
Gut geeignet

PITTA
Gut geeignet

KAPHA
Weniger Ghee verwenden

Für 2–3 Personen

- ½–1 EL Ghee (Kapha ½ EL)
- 1 Lauchstange (nur den weißen Teil), in Streifen geschnitten
- 1 große Fenchelknolle, geputzt und gehackt, das Grün beiseitegelegt
- 250 g Kartoffeln, geschält und klein gewürfelt
- 1 Knoblauchzehe, geschält und in Scheiben geschnitten
- 600 ml Gemüse- oder gute Hühnerbrühe
- Steinsalz
- ½ TL Fenchelsamen, im Mörser fein zerstoßen
- 10 frische Estragonblätter

Bei Suppen denkt man meist sofort an die kalte Jahreszeit. Doch sie sind so leicht verdaulich, dass man sie ruhig das ganze Jahr über genießen kann. Besonders diese Fenchelsuppe ist ideal für den Sommer. Fenchel wirkt kühlend auf den Körper und fördert die Verdauung. Servieren Sie die Suppe als Vorspeise oder mit einer Scheibe Brot (Roggen, Buchweizen oder Gerste für Kapha, Dinkel für Vata und Pitta) als leichten Hauptgang. Für besondere Anlässe legen Sie ein Stück geräuchertes Forellenfilet darauf oder rühren etwas Sahne unter (nur Pitta und Vata).

Das Ghee in einer großen Kasserolle erhitzen. Lauch und Fenchelwürfel einrühren und bei mittlerer Hitze 5 Minuten anbraten. Kartoffeln, Knoblauch und Brühe zufügen und aufkochen. Dann zugedeckt etwa 15 Minuten köcheln lassen, bis das Gemüse weich ist.

Die Suppe cremig pürieren und bei Bedarf etwas heißes Wasser zugießen. Mit Salz abschmecken, Fenchelsamen und Estragonblätter unterrühren. Mit Fenchelgrün garnieren und servieren.

Linsen-Möhren-Suppe

VATA Gut geeignet

PITTA Gut geeignet

KAPHA Gut geeignet

Für 2 Personen (reichlich)

1½–2½ TL Ghee oder Pflanzenöl (Kapha 1½ TL, Pitta 2 TL, Vata 2½ TL)
½ mittelgroße Zwiebel, geschält und gehackt
6 g geschälter Ingwer, grob gehackt
2 kleine Knoblauchzehen, geschält und grob gehackt
1 TL gemahlener Koriander
1 TL gemahlener Kreuzkümmel
Steinsalz und gemahlener schwarzer Pfeffer
300 g Möhren, geschält und in Scheiben geschnitten
2 EL rote Linsen, gewaschen
½ TL Instant-Gemüsebrühe, in 650 ml Wasser aufgelöst
1 Handvoll frisch gehacktes Koriandergrün

Diese köstliche, kernige Suppe ist süß und herzhaft zugleich. Die Linsen geben ihr Substanz, Proteine, Ballaststoffe und viele Mineralien. Die Möhren wärmen Kapha und Vata, Pitta jedoch nur ein wenig. So kann auch dieser Dosha-Typ die Suppe genießen, besonders in der kälteren Jahreszeit. Diese Suppe ist typisch für die Ayurveda-Küche: leicht, nahrhaft und schlicht, denn je einfacher das Essen, desto bekömmlicher ist es. Sie schmeckt als Vorspeise oder mit etwas gekochtem Reis auch als nahrhaftes Hauptgericht.

Das Ghee in einer kleinen, beschichteten Kasserolle erhitzen. Die Zwiebel zufügen und goldbraun braten. Ingwer und Knoblauch zugeben und unter Rühren 40–60 Sekunden mitbraten. Koriander, Kreuzkümmel, Salz und reichlich Pfeffer einstreuen und ebenfalls unter Rühren 20 Sekunden mitbraten. Möhren, Linsen und Brühe zugeben, aufkochen und zugedeckt 20 Minuten köcheln lassen.

Die Suppe cremig pürieren und bei Bedarf mit etwas Wasser verdünnen. Wieder erhitzen, abschmecken und mit Koriandergrün bestreut servieren.

Gegenüber: Linsen-Möhren-Suppe und Reis-Pilaw (s. S. 138)

Suppe aus frischen Erbsen

VATA Gut geeignet

PITTA Bestens geeignet

KAPHA Eventuell ohne Pesto

Für 4 Personen

1 EL Ghee oder Butter
½ TL Kreuzkümmelsamen
1 kleine bis mittelgroße Zwiebel, geschält und in feine Scheiben geschnitten
3 große Knoblauchzehen, geschält und grob gehackt
500 g frische grüne Erbsen, enthülst
Steinsalz
1 TL Zucker
4 g frische Minzeblätter

Für das Kürbiskernpesto
2 g frische Minzeblätter
1½ EL extra natives Olivenöl
40 g Kürbiskerne

Diese Suppe ist gut bekömmlich, einfach zuzubereiten, aber kräftig. Sie ist für alle drei Doshas empfehlenswert, besonders aber für Pitta. Ich bereite sie ohne Brühe zu, weil sie die feinen Aromen übertönen würde. Das wunderbare Pesto aus Kürbiskernen und Minze ergänzt die Erbsen ideal. Menschen mit starkem Kapha-Ungleichgewicht lassen es jedoch besser weg. Geben Sie stattdessen vor dem Pürieren 20 g Kürbiskerne in die Suppe. Anstelle von frischen Erbsen können Sie auch aufgetaute Tiefkühl-Erbsen verwenden. Die Suppe pur oder mit etwas Brot servieren.

Das Ghee in einer großen, beschichteten Kasserolle erhitzen. Kreuzkümmel einstreuen und 20 Sekunden sanft anbraten. Zwiebelscheiben zufügen und weich garen. Den Knoblauch zufügen und 40 Sekunden unter Rühren mitbraten. Erbsen, Salz, Zucker und 850 ml Wasser einrühren. Alles aufkochen lassen und zugedeckt 10–15 Minuten garen, bis die Erbsen weich sind.

Die Minze zufügen und die Suppe cremig pürieren. Wieder erhitzen, abschmecken und bei Bedarf mit etwas Wasser verdünnen oder die Suppe bei starker Hitze einige Minuten sämig einkochen lassen.

Für das Pesto Minze und Öl im Mörser zu einer geschmeidigen Paste zerdrücken. Kürbiskerne zugeben und grob zerstoßen. Die Suppe in vier Schalen füllen, je 1 Löffel Pesto daraufsetzen und servieren.

SUPPEN · 81

SALATE

Mit Salaten lösen wir ja gerne mal Gewichtsprobleme. Aber häufig belasten sie die Verdauung, und nicht jeder kann ihre Nährstoffe verwerten. Oft haben Salate dieselben Eigenschaften wie Vata (leicht, kühl, roh) und verstärken daher dieses Dosha. Für Vata-Typen sind sie womöglich schwer verdaulich. Deshalb werden sie vorzugsweise zu Mittag oder im Sommer gegessen. Ein Öldressing mildert ihre Eigenschaften. Gut sind auch warme, gekochte Salate. Auch für den Kapha-Typ sind Salate eventuell schwer verdaulich, gleichen aber andererseits, da leicht und roh, die schweren, öligen Eigenschaften des Kapha-Menschen aus. Er sollte Salate vorzugsweise als sommerliches Mittagessen genießen. Ideal sind warme Salate mit Gewürzen. Pitta-Menschen lieben Salate. Ihr Agni ist auch stark genug, um sie zu verdauen. Dressings mit Zitronensaft verwenden.

Warmer Auberginensalat mit Quinoa, Tofu und Ingwerdressing

VATA
Tofu kann durch Hähnchenfleisch ersetzt werden

PITTA
Bestens geeignet

KAPHA
Gut, aber Pinienkerne weglassen

Diesen köstlichen Salat esse ich gerne warm, er schmeckt aber auch kalt. Quinoa ist eine alte Getreideart. Glutenfrei und leicht verdaulich ist sie ideal für Menschen mit Kapha- oder Pitta-Ungleichgewicht. Tofu liefert gesundes Protein. Quinoa sollte auf jedem Speisezettel stehen. (Personen mit einem Vata-Ungleichgewicht, die ihn schwer verdaulich finden, können ihn durch gekochtes Hühnerfleisch ersetzen). Bei Auberginen gehen die Meinungen auseinander. Wie alle anderen Gemüse besitzen sie viele das Immunsystem und das Herz stärkende Inhaltsstoffe. Doch sie gehören zu den Nachtschattengewächsen und können Allergien und Arthritis verschlimmern. Wer zu diesen Beschwerden neigt, sollte sie daher nur in Maßen verzehren. Kapha-Typen verzichten besser auf die Pinienkerne.

Für 2 Personen

- 1 mittelgroße Aubergine, halbiert oder geviertelt und in 1 cm dicke Scheiben geschnitten
- 2 TL Pflanzenöl
- 200 g Tofu, in Würfel geschnitten
- 50 g Quinoa, nach Packungsangabe gegart
- 3 Handvoll kleine Kopfsalatblätter
- 25 große frische Minzeblätter, zerpflückt
- 1½ EL geröstete Pinienkerne, grob gehackt (nur für Pitta und Vata)

Für das Dressing
- 1½–2 EL Pflanzenöl
- 2 TL fein geriebener Ingwer (Ingwerpaste)
- 2–3 TL Zitronensaft
- 1½ TL Rohrohrzucker
- Steinsalz und gemahlener schwarzer Pfeffer

Den Backofen auf 180 °C (Umluft 160 °C) vorheizen. Ein Backblech mit Backpapier belegen.

Die Auberginenscheiben von beiden Seiten mit Öl bepinseln und auf das Backblech legen. Im Ofen (Mitte) 10 Minuten backen. Den Tofu dazulegen und alles 6–8 Minuten weiterbacken, bis die Auberginen beim Einstechen sehr weich sind.

Für das Dressing Öl, Ingwer, Zitronensaft und Zucker verquirlen, bis sich der Zucker vollständig aufgelöst hat. Mit Salz und Pfeffer abschmecken.

Die heißen Auberginenscheiben, Tofu, Quinoa, Salatblätter, Minze und Pinienkerne (nicht für Kapha) in eine große Schüssel geben. Das Dressing darübergießen, gut mischen und servieren.

Rucolasalat mit warmen Süßkartoffeln und Ziegenkäse

VATA
Hervorragend geeignet

PITTA
Gut

KAPHA
Nur gelegentlich

Süßkartoffeln enthalten viele Antioxidantien, Vitamine und andere heilende Stoffe. Dieser stark erdende und nahrhafte Salat eignet sich hervorragend für Vata. Er ist aber auch gut für Pitta und erhöht nur leicht die Kapha-Energie, jedoch auf positive Art. Und er schmeckt wirklich köstlich: die Süße der Kartoffeln, die pikanten Gewürze, der leicht bittere Geschmack der Salatblätter, das zitronige Dressing und die knackigen Mandeln bilden eine hervorragende Mischung. Die Brunnenkresse reinigt Pitta und erwärmt mit ihrer Schärfe Kapha und Vata. Eigentlich ist dies ein Beilagensalat, im Sommer esse ich aber oft eine größere Portion als volle Mahlzeit.

Für 2 Personen als Beilage

1 mittelgroße Süßkartoffel mit orangefarbenem Fruchtfleisch, geschält und in 2,5 cm große Würfel geschnitten
1 kleine rote Zwiebel, geschält und in dünne Spalten geschnitten
2 TL Pflanzenöl
½ TL Panch Phoron (bengalische Fünf-Gewürz-Mischung)
Steinsalz und gemahlener schwarzer Pfeffer
40 g kleine Brunnenkresseblätter
15 g Mandeln, blanchiert, enthäutet, leicht geröstet und halbiert
50 g weicher Ziegenkäse (nicht bei Kapha-Ungleichgewicht)

Für das Dressing

1¾ TL Zitronensaft
4 TL Pflanzenöl
½ TL fein geriebener Knoblauch (Knoblauchpaste)

Den Backofen auf 190 °C (Umluft 170 °C) vorheizen. Kartoffelwürfel und Zwiebeln auf ein Backblech legen. Das Öl in einem kleinen Topf erhitzen. Panch Phoron einstreuen und 10 Sekunden bei schwacher Hitze darin braten. Das aromatisierte Öl über die Gemüse gießen, mit Salz und Pfeffer würzen und gründlich vermischen. Die Gemüsemischung im Ofen (Mitte) 45–50 Minuten backen, bis das Gemüse weich ist.

Für das Dressing alle Zutaten verrühren. Mit Salz und reichlich frisch gemahlenem schwarzem Pfeffer würzen.

Kurz vor dem Servieren das Dressing über das Gemüse auf dem Backblech träufeln. Gut untermischen, dann Brunnenkresse und Mandeln zugeben und unterheben. Den Salat auf zwei Teller verteilen, den Ziegenkäse darüberbröseln und sofort servieren.

SALATE · 85

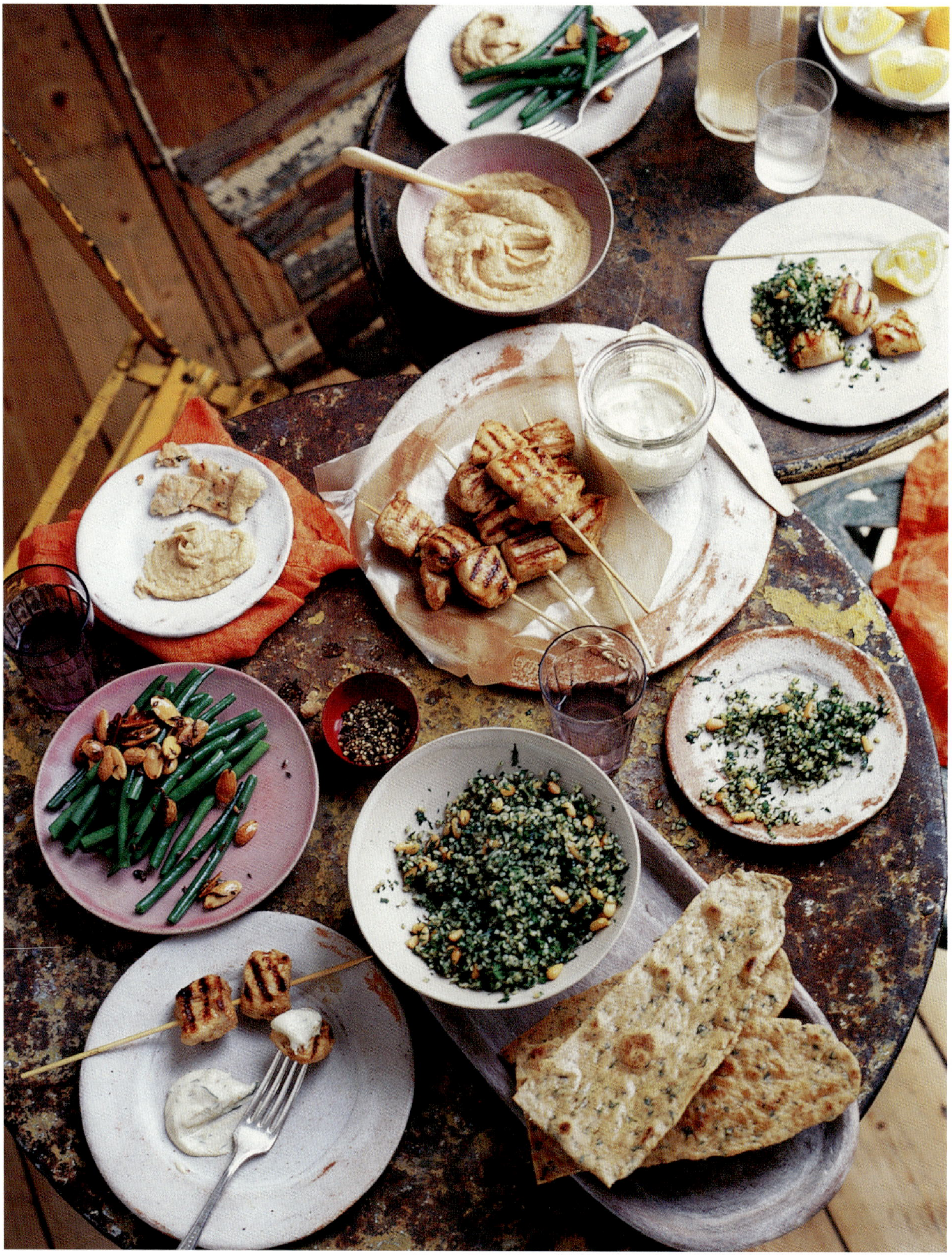

Orientalische Mezze

Für 4–5 Personen

Tahini-Hähnchen

2 TL Pflanzenöl
1 große Knoblauchzehe, geschält und fein zerdrückt
4 TL Zitronensaft
1½ TL gemahlener Kreuzkümmel
⅓ TL Steinsalz
2 große Hähnchenbrustfilets, in Würfel geschnitten
4 Holzspieße

Für den Tahini-Dip
4 TL Tahini (Sesampaste)
1–1½ TL Zitronensaft oder nach Geschmack
⅓ TL fein geriebener Knoblauch (Knoblauchpaste)
1 Handvoll gehackte Petersilie
Steinsalz und schwarzer Pfeffer

VATA Bestens geeignet, guter Ersatz für Hummus
PITTA Nur gelegentlich
KAPHA Gut, nur gelegentlich

Für Vata ist der Dip eine gute Alternative zu Hummus. Für Pitta ist Tahini ein wenig erhitzend, für Kapha schwer. Setzen Sie dieses Gericht daher nur gelegentlich auf Ihren Speiseplan.

In einer Glasschüssel Öl, Knoblauch, Zitronensaft, Kreuzkümmel und Salz verrühren. Das Fleisch untermischen und an einem kühlen Ort möglichst lange marinieren. Für den Tahini-Dip alle Zutaten und 4 TL Wasser verrühren. Holzspieße wässern. Ofengrill auf mittlere Temperatur vorheizen. Fleischwürfel aus der Marinade heben und auf die Spieße stecken. Spieße auf den Rost legen und unter dem Grill 7–8 Minuten garen. Einmal wenden.

Kräuterbulgur

75 g Bulgur, nach Packungsangabe gegart und abgeseiht
120 g glatte Petersilie, die harten Stängel entfernt, die Blätter fein gehackt
35 g frische Minzeblätter, fein gehackt
1½–2½ TL extra natives Olivenöl (Kapha nur 1½ TL)
½ Frühlingszwiebel, in feine Ringe geschnitten (nur Kapha)
1 Handvoll Pinienkerne, leicht geröstet (nur Vata und Pitta)
Steinsalz und gemahlener schwarzer Pfeffer
1 kräftige Prise Rohrohrzucker
½ TL gemahlener Kreuzkümmel
2–3 TL Zitronensaft

VATA Mit Pinienkernen gut geeignet
PITTA Mit Pinienkernen gut geeignet
KAPHA Mit Frühlingszwiebeln und weniger Öl gut geeignet

Minze und Petersilie regen die Verdauung an, Minze beruhigt zugleich die Nerven. Dieser Salat eignet sich für alle Doshas. Bei einem Kapha-Ungleichgewicht mit dem Gefühl der Trägheit können Sie Bulgur gegen Quinoa tauschen.

Bulgur, Petersilie, Minze und Öl in einer Schüssel vermischen. Frühlingszwiebel (nur Kapha) und Pinienkerne (nur Vata und Pitta) hinzufügen. Mit Salz, Pfeffer, Zucker und Kreuzkümmel würzen und mit Zitronensaft abschmecken.

Bohnen mit Mandeln

240 g grüne Bohnen, geputzt
2–4 TL Pflanzen- oder Olivenöl (Kapha 2 TL, Pitta 3 TL, Vata 4 TL)
1 TL Kreuzkümmelsamen
30 g Mandeln, blanchiert, enthäutet und halbiert (für Kapha nur 15 g)
Steinsalz und gemahlener schwarzer Pfeffer
1½–2 TL Zitronensaft

VATA Gut geeignet mit mehr Öl
PITTA Geeignet
KAPHA Mandelmenge reduzieren

Dieses einfache Gemüsegericht bekommt durch die Mandeln eine eigene Note. Gut für alle Doshas.

Bohnen in kochendem Wasser in etwa 3 Minuten bissfest blanchieren. Abgießen und abtropfen lassen. Öl in einer beschichteten Pfanne erhitzen. Kreuzkümmelsamen darin braten, bis sie sich dunkel färben. Mandeln zugeben und unter Rühren goldgelb rösten. Bohnen zufügen, würzen und mit Zitronensaft abschmecken. Unter Schwenken erhitzen.

Gesundes Hummus

250 g gekochte Kichererbsen (1 EL zum Garnieren beiseitelegen)
2–3 EL Pflanzenöl (Vata 3 EL)
1 TL gemahlener Kreuzkümmel
2 kleine Knoblauchzehen, geschält
1½–2 TL Tahini (Sesampaste)
2½–3 EL Zitronensaft
Steinsalz und schwarzer Pfeffer

VATA Leichter verdaulich als unpürierte Kichererbsen
PITTA Gut geeignet
KAPHA Gut geeignet

Tahini wird aus Sesamsaat hergestellt, die sehr nahrhaft für Körper und Knochen ist und das Immunsystem stärkt.

Alle Zutaten mit 1½ Teelöffel Wasser im Mixer fein pürieren. Abschmecken. Mit den restlichen Kichererbsen garnieren.

Linke Seite: Ich mag die vielen kleinen Gerichte, die zu einer orientalischen Mezze gehören. Meist wähle ich zwei oder drei Rezepte aus und serviere das Gericht mit getoastetem Fladenbrot (s. S. 141).

Nizza-Salat mit Thunfisch und Mohn

VATA Bestens geeignet

PITTA Statt Essig mehr Zitronensaft verwenden

KAPHA Gelegentlich, mit weniger Dressing

Für 2 Personen

- 6 kleine neue Kartoffeln
- 100 g grüne Bohnen, geputzt
- ⅓ Salatgurke (7,5 cm), geschält und in feine Scheiben geschnitten
- 2 kleine Thunfischsteaks (etwa 2 cm dick)
- 1½ TL Pflanzenöl
- Steinsalz und schwarzer Pfeffer
- 1½ TL Mohnsamen
- 2 Handvoll Salatblätter
- 8 schwarze Nizza-Oliven

Für das Zitronen-Pistazien-Dressing

- 1½ EL Zitronensaft, plus ¾ TL für die Marinade
- 3 EL Olivenöl
- 1 TL Weißweinessig
- 1 kleine Knoblauchzehe, geschält und gehackt
- 10 g Pistazienkerne, braune Häutchen abgerieben

Bei dieser Variante des berühmten Salats habe ich auf Eier und Sardellen verzichtet, da ein komplexes Protein in einer Mahlzeit das Verdauungssystem auslastet. Seefisch ist sehr erhitzend. Wenn Sie eine Hauterkrankung oder ein Hitzeproblem (Pitta) haben, lassen Sie ihn besser weg. Der Salat eignet sich bestens für Vata, da die meisten Bestandteile gekocht sind und er warm verzehrt wird. Braten Sie den Thunfisch gut durch, roher Fisch ist nicht ayurvedisch. Für Kapha mit wenig Dressing reichen.

Die Kartoffeln mit Schale in kochendem Wasser weich garen. Die Bohnen zufügen und 2–3 Minuten mitkochen. Die Gemüse dann abgießen. Für das Dressing alle Zutaten mit 1½ TL Wasser cremig pürieren. Kartoffeln, Bohnen und Gurken jeweils separat mit einem Viertel des Dressings anmachen.

Je ¾ TL Öl und Zitronensaft mit etwas Salz und Pfeffer mischen. Thunfisch damit bepinseln. Restliches Öl in einer Pfanne erhitzen. Fisch von beiden Seiten mit Mohn bestreuen und diesen andrücken. Steaks im heißen Öl beidseitig je 2 Minuten braten. Herausnehmen und in Scheiben schneiden. Kartoffeln, Bohnen, Gurken, Fisch und Oliven auf Salatblättern anrichten. Restliches Dressing über den Fisch träufeln.

Warmer Borlotti-Kräuter-Salat mit Mozzarella

PITTA Bestens geeignet

KAPHA Bestens als sommerliches Mittagessen

Für 2 Personen

Für das Dressing

- 3–4 EL Pflanzenöl (Kapha 3 EL)
- 40 g Zwiebel (etwa ¼–⅓ kleine Zwiebel), in feine Scheiben geschnitten
- 2 mittelgroße Knoblauchzehen, geschält und in feine Scheiben geschnitten
- ¾ TL gemahlener Kreuzkümmel
- 1½–2 EL Zitronensaft (für Kapha etwas weniger)
- 10 g glatte Petersilie, frisch gehackt
- 250 g gekochte Borlotti-Bohnen (frisch gekocht oder aus der Dose)
- Steinsalz und gemahlener schwarzer Pfeffer
- 3 große Handvoll gemischte Salatblätter
- 30 g Endivienblätter, längs in Streifen geschnitten
- 1 große Kugel Mozzarella, in dicke Stücke zerpflückt
- 1 große rote Paprikaschote, gegrillt, enthäutet und in Streifen geschnitten
- 80 g Salatgurke, halbiert und in feine Scheiben geschnitten

Borlotti-Bohnen und Endivienblätter machen diesen Salat zur perfekten Wahl bei einem Pitta- oder Kapha-Ungleichgewicht. Vata-Menschen können ihn aber nur schwer verdauen. Für Kapha ist er ein feines Mittagsmahl (wenn die Verdauungskraft ihren Höhepunkt erreicht), vor allem in der heißen Jahreszeit. Der Kreuzkümmel unterstützt die Verdauung der Bohnen. Die Paprikaschoten vor dem Enthäuten halbieren und im heißen Backofen grillen, bis die Haut dunkle Blasen wirft. Herausnehmen, mit Frischhaltefolie abdecken und 5 Minuten abkühlen lassen. Dann häuten. Ich bestreiche die Hälften meist mit Olivenöl und grille sie in der Grillpfanne.

Für das Dressing das Öl in einer kleinen Pfanne erhitzen. Die Zwiebeln mit etwas Salz darin bei mittlerer Hitze braten, bis sie braun sind und trocken aussehen. Den Knoblauch zufügen und bei schwacher Hitze 40 Sekunden mitbraten. Kreuzkümmel, Zitronensaft und Petersilie einrühren. Bohnen und Pfeffer (nur Kapha) unterheben. Nochmals mit Zitronensaft, Salz und Pfeffer abschmecken und die restlichen Salatzutaten untermischen.

Salat mit gegrilltem Chicorée, Rote Bete und Ziegenkäse

VATA
Siehe Hinweis zum Vata-Ungleichgewicht

PITTA
Rote Bete durch getrocknete Feigen ersetzen

KAPHA
Bestens geeignet

Dieser Salat ist ideal, um den Kapha- oder Pitta-Speiseplan mit bitteren Aromen zu bereichern. Sie wirken reinigend und entgiftend und sollten oft auf dem Speiseplan stehen. Rote Beten sind gut fürs Blut und bestens für Vata und Kapha, weniger für Pitta geeignet. Bei gravierendem Pitta-Ungleichgewicht die Knollen durch getrocknete Feigen ersetzen. Bei starkem Vata-Ungleichgewicht Chicorée gegen eine halbe in Scheiben geschnittene und in 2 TL Öl karamellisierte rote Zwiebel tauschen.

Für 2 Personen

1 großer Chicorée, längs geviertelt
4 Zweige frischer Thymian
1 TL Pflanzenöl
1 Rolle weicher, würziger Ziegenkäse
2–3 Scheiben Brot nach Wahl
 (für Kapha am besten Roggenbrot)
2–3 große Handvoll Eichblatt- oder andere weiche Salatblätter
2 große Rote Beten, gekocht, geschält und in Stücke geschnitten (Kapha und Vata)
3 große getrocknete Feigen, in Stücke geschnitten (Pitta)

Für das Pitta-Dressing
3 TL Olivenöl
½ TL Zitronensaft
Steinsalz nach Geschmack
1 großzügige Prise Zucker

Für das Kapha-Dressing
2 TL Olivenöl
1 TL guter Balsamico-Essig
Steinsalz zum Abschmecken

Für das Vata-Dressing
4 TL Olivenöl
1½ TL guter Balsamico-Essig
Steinsalz

Den Backofengrill auf 220 °C oder die höchste Stufe vorheizen. Für das Dressing die Zutaten je nach Dosha verrühren.

Die Chicoréeviertel nebeneinander in eine Auflaufform legen. Jeweils 1 Zweig Thymian darauflegen und mit Öl beträufeln. Unter dem Grill etwa 10 Minuten backen, bis die Strünke stellenweise gebräunt sind. Die Viertel dabei nach 5 Minuten wenden.

Den Ziegenkäse in 6–8 Scheiben (je 1 cm dick) schneiden. Aus den Brotscheiben ebenfalls 6–8 Kreise in der Größe der Käsescheiben ausstechen. Die Brottaler von jeder Seite 1 Minute rösten.

Die gerösteten Brottaler mit den Käsescheiben belegen und auf ein Backblech setzen. Unter dem Grill etwa 4 Minuten überbacken, bis der Käse heiß und stellenweise gebräunt ist.

Die Salatblätter auf zwei Tellern auslegen. Chicoréeviertel, Rote Bete (bzw. getrocknete Feigen) und die gratinierten Käsebrote darauf anrichten. Mit dem Dressing beträufeln und sofort servieren.

Nudelsalat mit grünen Bohnen, Tofu und Sesam

PITTA
Mit Buchweizennudeln

KAPHA
Mit Reisnudeln

Bei diesem köstlichen, reichhaltigen Salat habe ich mich von der japanischen Küche inspirieren lassen. Er ist fettarm, aber durch den eiweißreichen Tofu und das knackige Gemüse ausgesprochen nahrhaft – und gut geeignet für Kapha und Pitta. Sesam werden erstaunliche Eigenschaften zugeschrieben. So soll er gesund für die Knochen sein, die Lebenskraft Ojas steigern und uns jung halten. Bei gravierendem Pitta-Ungleichgewicht weglassen oder nur in den Wintermonaten verzehren. Für Vata wegen der rohen Zutaten und des schwer verdaulichen Tofus ungeeignet.

Für 2 Personen

80 g grüne Bohnen, geputzt
200 g fester Tofu, quer zu zwei »Steaks« halbiert
Steinsalz und frisch gemahlener schwarzer Pfeffer
½ TL Sesamöl, plus einige Tropfen zum Servieren
1½ TL Sesamsaat
160 g Zuckerschoten (Mangetout), entfädelt
1 kleine Möhre, geschält und in dünne Streifen geschnitten
1 Handvoll geraspelter Rotkohl
50 g Nudeln (Buchweizennudeln für Kapha, Reisnudeln für Pitta), nach Packungsangabe gekocht
½ Frühlingszwiebel (der grüne Teil), in Ringe geschnitten

Für das Dressing

100 g Seidentofu
½ EL Tamarisauce
½ EL Mirin (süßer japanischer Reiswein)
½ TL Zucker
½ TL fein geriebener Ingwer (Ingwerpaste)

Die Bohnen in kochendem Wasser in 2–3 Minuten bissfest blanchieren. In ein Sieb abgießen und abtropfen.

Eine Grillpfanne erhitzen oder den Grill vorheizen. Die Tofusteaks auf beiden Seiten mit Salz und Pfeffer würzen und mit Sesamöl bepinseln. In der heißen Grillpfanne oder unter dem Grill von jeder Seite etwa 3 Minuten grillen.

Inzwischen den Sesam in einer beschichteten Pfanne ohne Fett leicht rösten. Vorsicht: Sobald die Samen bräunen, verbrennen sie schnell. Etwa ¼ TL zum Garnieren beiseitelegen, den restlichen Sesam in einem Mörser grob zerdrücken.

Gemüse und Nudeln in eine große Schüssel geben. Für das Dressing alle Zutaten verrühren und darüberträufeln. Den zerdrückten Sesam darüberstreuen und alles gut unterheben. Den Tofu auf den Salat legen, nochmals mit Sesamöl bepinseln und mit Frühlingszwiebeln und den restlichen Sesamkörnern bestreuen. Sofort servieren.

SALATE · 91

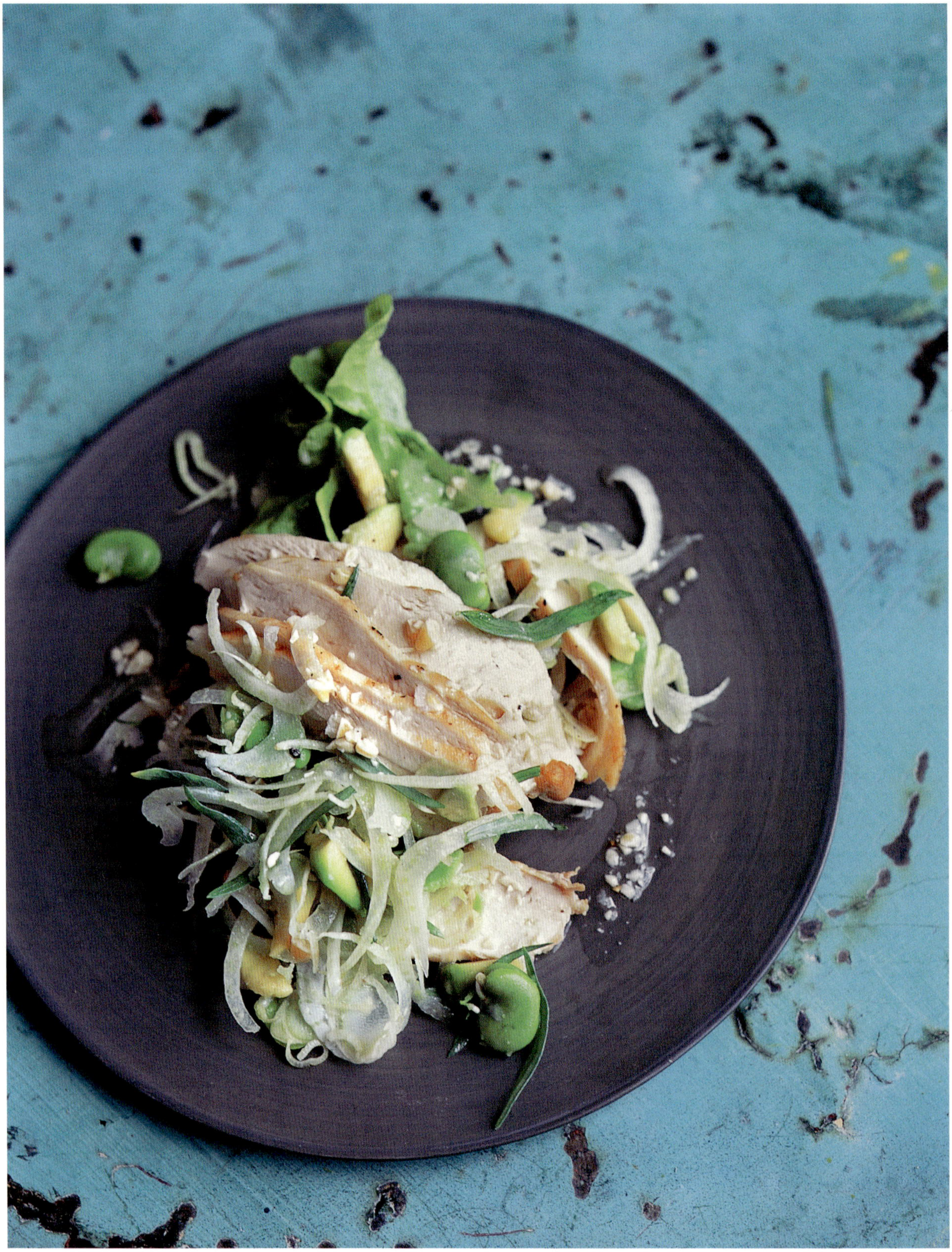

Hähnchensalat mit dicken Bohnen und Fenchel

VATA
Bei Ungleichgewicht warm servieren

PITTA
Bestens geeignet

KAPHA
Ohne Avocado und in Maßen

Dieser köstliche Salat steckt voller Aromen und Texturen. Er eignet sich bestens für Pitta, im Sommer aber auch für Vata, vorzugsweise zu Mittag, wenn das Verdauungssystem am kräftigsten ist. Bei bestehendem Vata-Ungleichgewicht kann das Gericht auch warm gegessen werden. Dafür dünsten Sie den Fenchel und erwärmen die Bohnen. Bei einem Kapha-Ungleichgewicht ist der Salat ein wenig schwer. Ohne Avocado eignet er sich aber als sommerliches Mittagessen.

Für 2 Personen

2 kleine Hähnchenbrustfilets, enthäutet
Steinsalz und gemahlener schwarzer Pfeffer
2 TL Pflanzenöl
1 Kopfsalat oder anderer weicher Salat, Blätter gewaschen und trocken geschleudert
½ kleine Avocado, entsteint geschält, und in kleine Stücke geschnitten (nicht für Kapha)
40 g dicke Bohnen, gepahlt und gekocht
1 kleine Fenchelknolle, geputzt und in feine Scheiben geschnitten oder gehobelt

Für das Estragondressing
2 EL Zitronensaft
1½ EL Pflanzenöl
½ TL Rohrohrzucker
½ Knoblauchzehe, geschält und fein gerieben
2 EL Pinienkerne (1 EL bei Kapha-Ungleichgewicht)
2 Stängel Estragon, Blätter abgezupt

Den Backofen auf 180 °C (Umluft 160 °C) vorheizen.

Die Hähnchenfilets auf beiden mit Salz und Pfeffer würzen und im dicken Teil drei- oder viermal diagonal einschneiden. Das Öl in einer ofenfesten Pfanne erhitzen und die Filets darin von jeder Seite 1–2 Minuten scharf anbraten, bis sie schön gebräunt sind. Die Pfanne in den Ofen (Mitte) schieben und die Filets 10–12 Minuten garen. Zur Garprobe mit einer Messerspitze in den dickeren Teil der Filets stechen. Wenn heller, klarer Saft austritt, sind die Filets gar.

Für das Dressing Zitronensaft, Öl, Zucker, Knoblauch und Pinienkerne im Mixer cremig pürieren. Mit Salz und Pfeffer abschmecken und den Estragon untermischen.

Salatblätter, Avocado, Bohnen und Fenchel mischen. Die Hähnchenfilets diagonal in Scheiben schneiden und auf den Salat legen. Mit Dressing beträufeln und behutsam unterheben und servieren.

FISCH

Fisch und Meeresfrüchte gelten als süß, schwer und wärmend. Nach ayurvedischer Ansicht sollte man nur kleine Fischarten essen, da große Arten ein höheres Maß an Kapha besitzen und das Kapha in unserem Körper erhöhen. Süßwasserfisch ist die beste Wahl, gefolgt von Seefisch (vorzugsweise aus der Tiefsee, da das Wasser hier weniger belastet ist). Krustentiere sind vergleichsweise stark erhitzend und sollten möglichst mit kühlenden Zutaten kombiniert werden.

Personen mit Vata-Ungleichgewicht profitieren von den Nährstoffen und der Hitze von Fisch. Doch selbst für diesen Körpertyp ist Fisch nicht jeden Tag empfehlenswert. Zwar wirkt die Hitze von Fisch der Kühle von Kapha entgegen, doch gilt Fisch als vergleichsweise schwer, und der Kapha-Typ sollte nur Leichtes essen. Meiden Sie also fette Sorten und essen Sie nur leichten, weißen Fisch. Für den von Natur aus heißen Pitta-Typ ist die Hitze von Meeresfrüchten besonders schlecht. Sie sollten daher nur selten auf den Tisch kommen (Huhn ist die bessere Alternative). Wählen Sie Rezepte mit kühlenden Zutaten wie Koriander, Kokos und Minze, um diese Hitze auszugleichen.

Fischtopf mit Safran und Petersilienmayonnaise

VATA
Mayonnaise evtl. mit Knoblauch, Zitrone und Paprika würzen

PITTA
Gut

KAPHA
Siehe Tipp

Safran ist ein perfektes Gewürz für Fisch, da es dessen erhitzende Eigenschaften mildert. Dieses Gericht basiert auf einer französischen Fischsuppe. Aber es wird ohne Wein (den Pitta generell meiden sollte) und Sahne (Proteine von Milch und Fisch vertragen sich nicht) zubereitet. Dennoch ist der Eintopf köstlich, nährstoffreich und leicht genug für alle Körpertypen. Allerdings sollte man bei Kapha-Ungleichgewicht den ayurvedischen Grundsätzen folgen (siehe Tipp). Dazu serviere ich eine Scheibe geröstetes Brot (für Vata und Pitta mit Butter). Für Vata kann die Mayonnaise mit geriebenem Knoblauch, Zitrone und Paprika gewürzt werden.

Für 2 Personen

1½ EL Ghee oder Butter (Kapha ¾ EL Pflanzenöl)
½ mittelgroße Zwiebel, geschält und in Scheiben geschnitten
¼–½ Fenchelknolle
1 kleine Möhre, geschält und gehackt
⅓ Lauchstange (der weiße Teil), gewaschen und in Ringe geschnitten
1 großer Zweig frischer Thymian
1 Knoblauchzehe, geschält und in Scheiben geschnitten
⅓ TL gemahlener Koriander
⅓ TL gemahlene Fenchelsamen
Steinsalz
350 ml Fischfond
1 kräftige Prise Safranfäden
2 feste weiße Fischfilets (z. B. Wolfsbarsch, Schellfisch, Kabeljau, Rotbarbe, Seeteufel)
1 gehäufter EL Mayonnaise
1 Handvoll frisch gehackte glatte Petersilie

Das Ghee in einer mittelgroßen, beschichteten Kasserolle erhitzen. Zwiebel, Fenchel, Möhre, Lauch und Thymian hineingeben und 8–10 Minuten sanft braten, bis die Zwiebeln weich und goldgelb sind. Ein Viertel vom Gemüse herausheben und beiseitestellen. Knoblauch, Koriander und Fenchel einstreuen, salzen und alles 30 Sekunden weiterbraten. Fischfond und 150 ml Wasser zugießen und den Safran hineinkrümeln.

Den Sud zum Kochen bringen. Dann offen 12–15 Minuten bei schwacher Hitze leise köcheln lassen, bis der Sud auf 350–400 ml reduziert ist. Die Fischfilets und das gedünstete Gemüse hineingeben. Den Sud wieder zum Köcheln bringen und den Fisch zugedeckt 3–4 Minuten garen. Die Filets herausheben und in eine Servierschüssel legen.

Mayonnaise und Petersilie mischen und in den Sud rühren. Abschmecken und den Sud samt Gemüse über den Fisch gießen.

Tipp

Wollen Sie strikt nach ayurvedischen Grundsätzen kochen, pürieren Sie das Gemüse samt Sud und schmecken es ab. Ist die Suppe zu dick, etwas Wasser zugießen. Ist sie zu dünn, die Suppe bis zur gewünschten Konsistenz einkochen lassen. Erst dann den Fisch und das gedünstete Gemüse hineingeben und zugedeckt wie beschrieben gar ziehen lassen. Petersilie einrühren und servieren.

Lachspäckchen mit Kartoffeln und Bohnen

VATA
Gut

PITTA
Gut

KAPHA
Weniger Kartoffeln und mehr Bohnen

Eine klassische Kombination aus Lachs, Kartoffeln und Dill, jedoch gewürzt mit Schwarzkümmel, der sehr gut zu Fisch passt. Ich habe etwas Mayonnaise hinzugefügt, um das Gericht cremiger zu machen. Das vermisst man bei ayurvedischen Gerichten gelegentlich, doch sollen verschiedene tierische Proteine ja nicht miteinander kombiniert werden. Das Rezept ist ideal für Vata und Pitta. Für Kapha reduzieren Sie die Menge der Kartoffeln und verdoppeln die der Bohnen. Dann benötigen Sie auch weniger Dressing, da die Kartoffeln viel davon aufsaugen. Neue Kartoffeln sind leichter verdaulich als gelagerte.

Für 2 Personen

300 g kleine neue Kartoffeln
50 g grüne Bohnen, geputzt
1½ TL Ghee oder Pflanzenöl
¼ TL Schwarzkümmelsamen
2 Schalotten, geschält und in Scheiben geschnitten
1 große Knoblauchzehe, geschält und leicht zerdrückt
2 Lachsfilets
1 kleine Handvoll kleinblättrige Brunnenkresse

Für das Dressing

2 EL Olivenöl
1½ EL Mayonnaise
1 TL Zitronensaft
7 g frisch gehackte Dillspitzen
Steinsalz und gemahlener schwarzer Pfeffer (für Pitta weglassen)

Den Backofen auf 180 °C (Umluft 160 °C) vorheizen. Die Kartoffeln mit Schale halbieren und in kochendem Wasser weich garen. Die Bohnen 1–2 Minuten blanchieren. Abgießen und abtropfen lassen.

Das Ghee in einer kleinen, beschichteten Pfanne erhitzen. Schwarzkümmel einstreuen und kurz braten lassen. Schalotten und Knoblauch zufügen und bei schwacher Hitze 6–7 Minuten braten, bis sie weich und an den Rändern gebräunt sind. Den Knoblauch entfernen.

Inzwischen für das Dressing alle Zutaten verrühren. 2 TL Wasser zufügen und das Dressing mit Salz und Pfeffer abschmecken. Kartoffeln, Bohnen und Zwiebeln im Dressing schwenken.

Aus Backpapier oder Alufolie zwei Bögen (etwa 30 x 30 cm) zuschneiden und jeweils die Hälfte der Gemüsemischung in die Mitte setzen. Die Fischfilets mit Salz und Pfeffer würzen und mit der Haut nach oben auf das Gemüse legen. Die Bögen lose zu Päckchen falten und die Enden umklappen, damit keine Flüssigkeit austreten kann. Die Päckchen auf ein Backblech legen und im Ofen (Mitte) 14–16 Minuten backen. Zur Garprobe die Päckchen öffnen. Ist der Lachs noch zu glasig, einige Minuten weitergaren.

Die Päckchen öffnen und die Haut von den Filets abziehen. Die Filets mit Brunnenkresse bestreuen und mit dem Gemüse servieren.

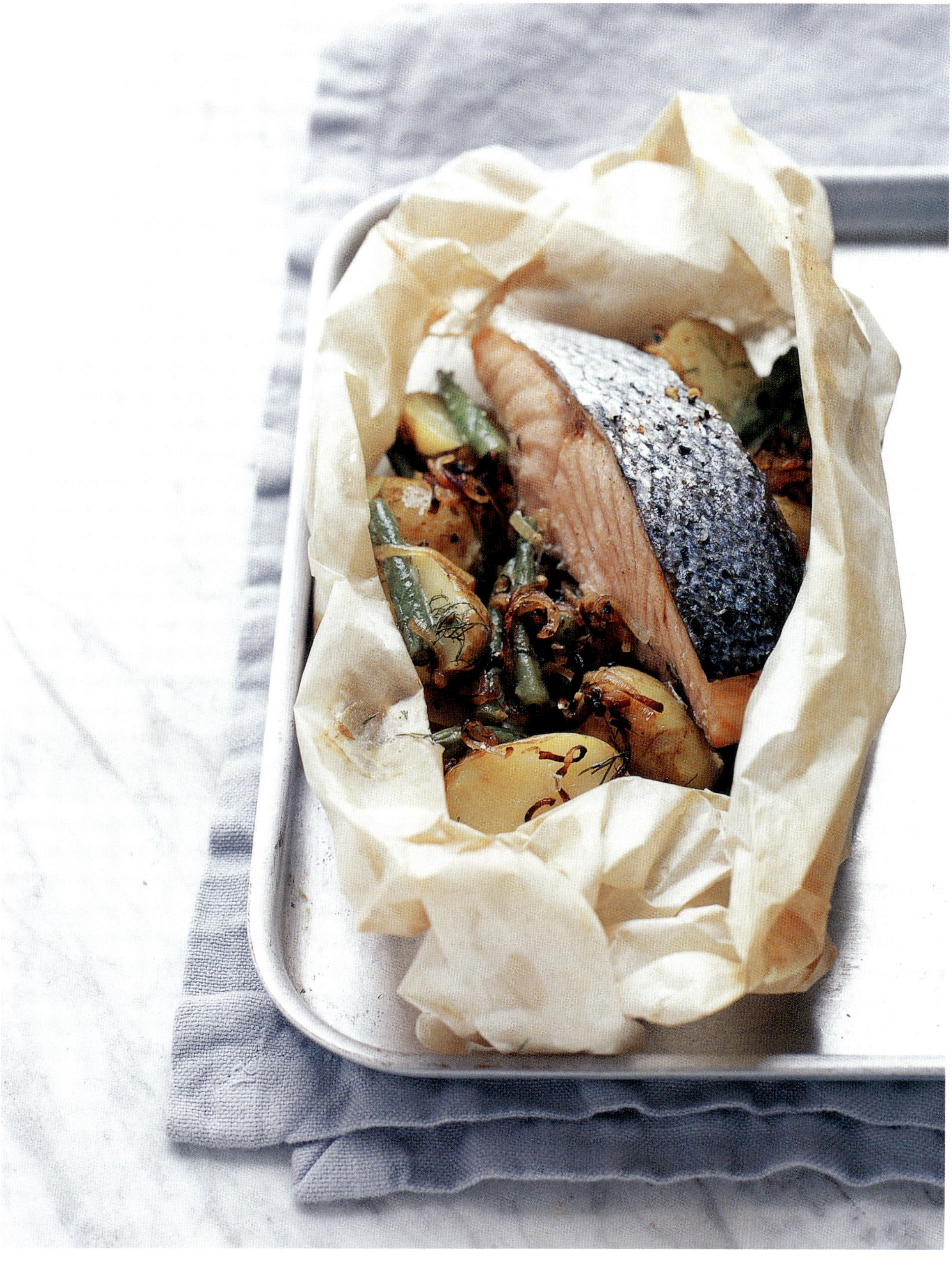

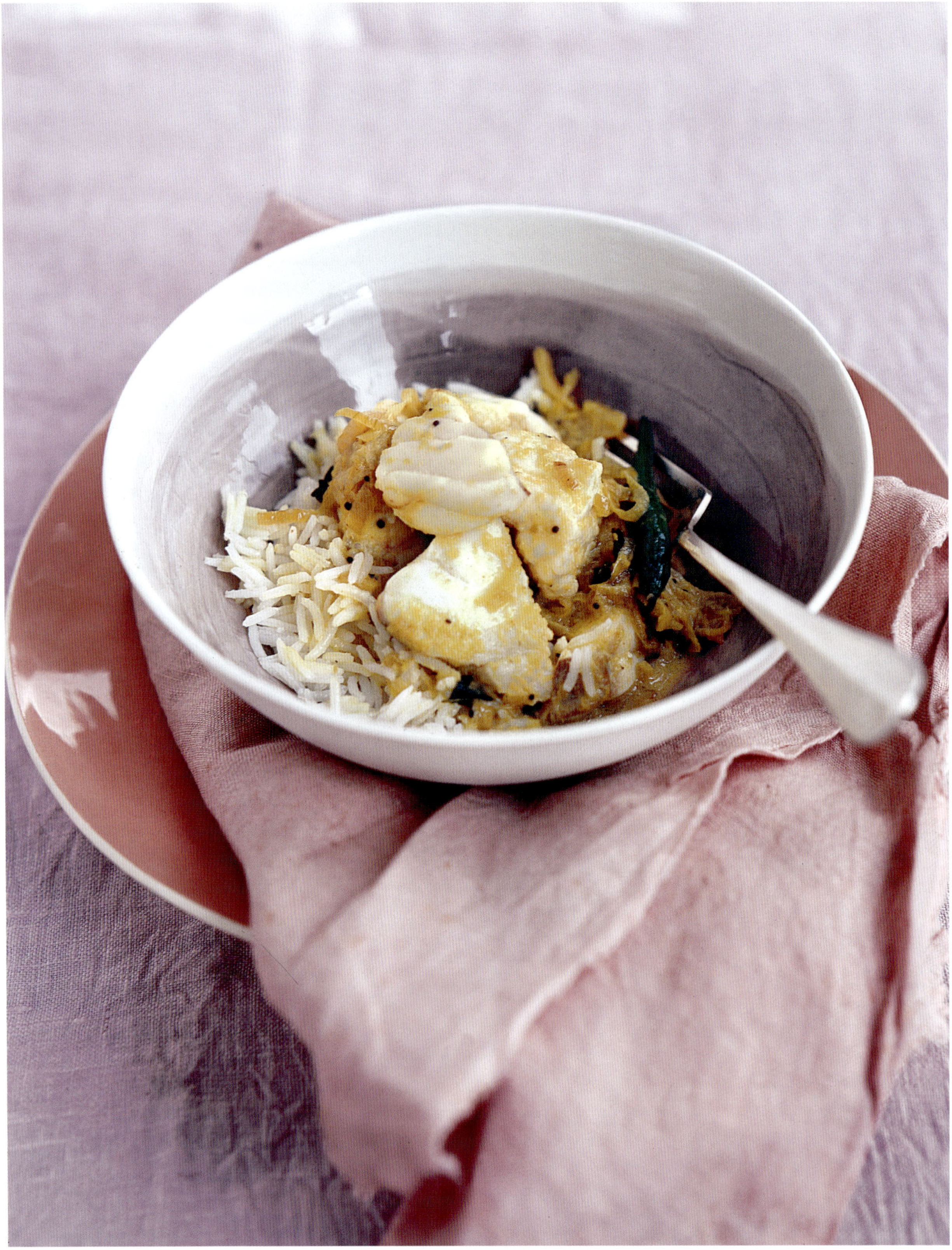

Duftendes Fischcurry mit Kokosmilch

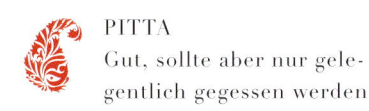

VATA
Bestens geeignet

PITTA
Gut, sollte aber nur gelegentlich gegessen werden

Schön cremig, weich und mit wärmenden Gewürzen – dieses milde Curry ist ideal für Vata. Die kühlende Kokosmilch gleicht die Hitze vom Fisch angenehm aus. So ist das Gericht auch für Personen mit Pitta-Ungleichgewicht eine gute Möglichkeit, an hochwertiges Fischeiweiß zu kommen. Für Pitta werden die Gewürze zerstoßen, um das Gericht milder zu machen. Für das Curry können Sie jeden weißfleischigen Fisch verwenden. Geben Sie nach Wunsch noch ein paar frische Erbsen oder anderes Gemüse hinein und servieren Sie dazu Reis.

Für 2 Personen

- 1 EL Pflanzenöl oder Ghee
- 1 Stück Zimtstange (2,5 cm lang)
- 3 Gewürznelken
- ⅓ TL Senfkörner
- 8 Bockshornkleesamen (nach Belieben, nicht bei starkem Pitta-Ungleichgewicht)
- 5 schwarze Pfefferkörner (nicht bei starkem Pitta-Ungleichgewicht)
- 7 Curryblätter
- ½ kleine bis mittlere Zwiebel, geschält und in dünne Scheiben geschnitten
- 1½ TL fein geriebener Knoblauch (Knoblauchpaste)
- 1½ TL fein geriebener Ingwer (Ingwerpaste)
- 1 Msp. gemahlene Kurkuma
- Steinsalz
- 150 ml Kokosmilch
- 1 TL Zitronensaft
- 250 g festes weißes Fischfilet, in große Würfel geschnitten

Das Öl in einer kleinen, beschichteten Kasserolle erhitzen. Zimt, Nelken, Senf, Bockshornklee und Pfeffer hineingeben und braten, bis die Senfkörner springen. Nacheinander Curryblätter und Zwiebel zufügen und weich garen.

Knoblauch- und Ingwerpaste zugeben und 1 Minute unter Rühren mitbraten. Sollten sie anbrennen, mit einem Spritzer Wasser ablöschen. Kurkuma einrühren und salzen. 100 ml Wasser angießen und 7 Minuten einkochen lassen. Die Kokosmilch zugießen und 2–3 Minuten kochen lassen, dann abschmecken. Die fertige Sauce soll cremig, aber nicht dick sein. Bei Bedarf noch kurz einkochen lassen oder etwas heißes Wasser zugießen.

Den Zitronensaft einrühren. Die Fischwürfel nebeneinander in die Sauce legen und in 4–5 Minuten gar ziehen lassen. Dabei die Pfanne gelegentlich schwenken. Mit Reis servieren.

Gedämpfter Fisch mit Sternanis und Ingwer

VATA
Ohne Chili und mit etwas mehr Butter oder Ghee

PITTA
Ohne Chili und mit etwas mehr Butter oder Ghee

KAPHA
Bestens geeignet bei Kapha-Ungleichgewicht

Ein schnelles, leichtes Gericht für den Alltag. Wenn Sie keinen Dampfgarer besitzen oder eine größere Menge zubereiten wollen, wickeln Sie den Fisch einfach mit 1 Teelöffel Wasser zusätzlich in einen Bogen Alufolie oder Backpapier und garen ihn im Ofen. Das bekömmliche, scharfe Gericht ist ideal bei Kapha-Ungleichgewicht. Es eignet sich aber auch für Vata und Pitta. Verzichten Sie dann jedoch auf die Chilischote und geben Sie beim Garen nach Belieben noch 1 Teelöffel Ghee oder Butter zu (für Vata eventuell auch noch ¼ Teelöffel Sesamöl). Mit Reis servieren.

Für 1 Person
- 1 Fischfilet (z. B. Scholle, Seezunge, Wolfsbarsch, Brasse oder anderer Plattfisch)
- 100 g Brokkoli oder anderes grünes Gemüse, vor oder zusammen mit dem Fisch gegart

Für die Marinade
- 1½ TL helle Sojasauce
- ¾ TL dunkle Sojasauce
- 7 Tropfen Sesamöl
- 1¼ TL chinesischer Kochwein
- 1 kräftige Prise Zucker
- 1 Stück Frühlingszwiebel (5 cm lang), in feine Streifen geschnitten (für Kapha einige Streifen vom grünen Teil zum Garnieren beiseitelegen)
- 2 g Ingwer, geschält und in dünne Scheiben oder feine Streifen geschnitten
- 1 Knoblauchzehe, geschält und fein zerdrückt
- ⅛–¼ rote Chilischote, entkernt und in Ringe geschnitten (gibt viel Aroma)
- 1 Sternanis

Für die Marinade alle Zutaten mit 1 TL Wasser in einer Glasschüssel vermischen und 1 Teelöffel Wasser zugeben. Die festen Zutaten leicht andrücken, damit sie ihre Aromen freisetzen. Die Marinade über den Fisch gießen und an einem kühlen Ort 20–30 Minuten marinieren lassen.

Einen breiten Dampfgarer oder einen Wok mit Drahtgitter 2,5 cm hoch mit Wasser füllen. Den Fisch samt Marinade in eine kleine Schale füllen, die in den Topf passt (alternativ aus Alufolie ein Schälchen formen). Die Schale in den Topf setzen und den Fisch zugedeckt in 4–6 Minuten gar ziehen lassen. Den Knoblauch entfernen und die Marinade zum Servieren über den Fisch träufeln. Mit den restlichen Frühlingszwiebeln garnieren (nur Kapha).

FISCH · 101

Pikante Wraps mit Räucherforelle

VATA
Gut passend

PITTA
Nur gelegentlich

KAPHA
Gut passend, am besten mit Maistortillas

Frisches Gemüse, Räucherfisch und Gewürze geben diesen einfachen Tortillas eine köstliche Aromafülle. Das Gericht ist gut für Vata und Kapha, wobei allerdings unterschiedliches Gemüse verwendet wird. Bei einem gravierenden Pitta-Ungleichgewicht lassen Sie Tomate, Senfkörner, Pfeffer und Zwiebel am besten weg. Geben Sie stattdessen etwas mehr Mayonnaise und Zitronensaft für die Schärfe hinzu.

Für 2 Personen

2 geräucherte Forellenfilets
2 Weizen- oder Maistortillas (für Kapha am besten Mais, für Vata Weizen)
1–3 TL Pflanzenöl (Kapha 1 TL, Pitta 2 TL, Vata 3 TL)
¼ TL Senfkörner
1 Msp. Kreuzkümmelsamen
80 g Rotkohl, fein geraspelt (für Vata stattdessen gehobelte Gurke)
1 große Handvoll kleinblättrige Brunnenkresse

Für das Dressing

1 gehäufter EL Mayonnaise
2 TL Limetten- oder Zitronensaft
1 kleine Tomate, gewürfelt
1 Scheibe rote Zwiebel, halbiert (sodass sichelförmige Spalten entstehen)
1 große Handvoll frisch gehacktes Koriandergrün
¼–⅓ Avocado (nur Vata), geschält, entsteint und gewürfelt
⅓ TL gemahlener Kreuzkümmel
¼ TL fein gehackter Knoblauch (nach Belieben)
Steinsalz und gemahlener schwarzer Pfeffer

Den Backofen auf 180 °C (Umluft 160 °C) vorheizen.

Für das Dressing Mayonnaise, Limettensaft, Tomate, Zwiebel, Koriandergrün, Avocado, Kreuzkümmel und nach Belieben Knoblauch verrühren. Mit Salz und Pfeffer würzen.

Die Forellenfilets auf ein Backblech legen und im Ofen (Mitte) etwa 5 Minuten erwärmen. Die Tortillas in Alufolie wickeln und nach 3 Minuten dazulegen.

Das Öl in einer beschichteten Pfanne erhitzen und auf eine Seite fließen lassen. Senfkörner und Kreuzkümmelsamen hineinstreuen und braten. Sobald sie springen, den Rotkohl zufügen und 2–3 Minuten unter Rühren angaren. (Für Vata Senf, Kreuzkümmel, Öl und Gurke ins Dressing rühren.)

Die Brunnenkresse in einer Linie in die Mitte der beiden Tortillas legen. Den Rotkohl darüberhäufen, je 1 Forellenfilet darauflegen und mit Dressing beträufeln. Aufrollen und die Wraps sofort servieren. Die Wraps schmecken auch kalt sehr lecker.

Provenzalische Forelle mit Salsa verde

VATA — Bestens geeignet

PITTA — Ohne die Kapern

Für 2 Personen

Für die Salsa verde
- 3 EL Olivenöl
- 3 TL Zitronensaft
- 1 gehäufter EL frisch gehackte Petersilie
- 2 TL Kapern, gut abgespült (nur Vata)
- 1 kleine Knoblauchzehe, geschält und fein zerdrückt
- 20 schwarze Oliven in Öl, abgegossen und fein gehackt
- ⅓ TL abgeriebene Schale von 1 Bio-Zitrone
- 1 kleine Knoblauchzehe, geschält und fein zerdrückt
- 1 EL Olivenöl
- 2–3 Scheiben Weißbrot (etwa 60 g), zerkrümelt
- 1 mittelgroße Forelle, Gräten entfernt und aufgeklappt (vom Fischhändler vorbereiten lassen)
- Steinsalz und gemahlener schwarzer Pfeffer
- 2 Zweige frischer (oder getrockneter) Rosmarin, Nadeln abgezupft und leicht zerdrückt

Süßwasserfisch eignet sich gut für die ayurvedische Kost, da er weniger erhitzt als Seefisch. Dieses einfach zuzubereitende Gericht mit schlichten Zutaten und Aromen ist ideal für Vata: leicht verdaulich, nährstoffreich und erdend. Ohne Kapern im Dressing ist es auch gut für Pitta. Menschen dieses Körpertyps sollten das Gericht aber nur gelegentlich genießen. Für Personen mit Kapha-Ungleichgewicht ist das Rezept etwas zu reichhaltig. Servieren Sie es mit gedämpftem Gemüse.

Den Backofen auf 180 °C (Umluft 160 °C) vorheizen.

Oliven, Zitronenschale, Knoblauch und die Hälfte des Öls verrühren. Die Brotkrümel untermischen. Den Fisch innen und außen mit Salz und Pfeffer würzen und wieder zu seiner ursprünglichen Form zusammenklappen. Auf ein Backblech legen, mit Rosmarin bestreuen und mit dem restlichen Öl beträufeln. Die Forelle im Ofen (Mitte) 25–30 Minuten garen.

Für die Salsa verde alle Zutaten verrühren. Abschmecken und über den gebackenen Fisch träufeln. Sofort servieren.

Gegrillte Sardinen mit »Sauce vierge«

VATA — Bestens geeignet

PITTA — Nur gelegentlich, den restlichen Tag über mit kühlender Nahrung ausgleichen

Für 2 Personen
- 2 große oder 4 kleine Sardinen, gesäubert, ausgenommen und entgrätet (oder zwei Makrelenfilets)
- 2 Scheiben Bauernbrot, geröstet

Für die »Sauce vierge«
- 5 Kirschtomaten
- 2½ EL Olivenöl
- 2 EL fein gehackte Schalotte oder rote Zwiebel
- 1 große Knoblauchzehe, geschält und gehackt
- 1½ TL Zitronensaft
- Steinsalz und gemahlener schwarzer Pfeffer
- 1 TL frische gehackte Petersilie
- 1 TL frisch gehackter Estragon

Gegrillte Sardinen sind fettreich und eignen sich bestens bei Vata-Ungleichgewicht. Trotz der Empfehlung, nur kleine Fischarten zu verzehren, können Sie das Gericht auch mit Makrelenfilets zubereiten. Das Dressing wird traditionell roh, also »jungfräulich« serviert. Ich koche es jedoch, um es leichter verdaulich zu machen. Servieren Sie die Sardinen auf Röstbrot mit gekochtem Gemüse, z. B. grünen Bohnen, oder im Sommer mit einem schlichten Salat.

Backofengrill auf mittlere Hitze vorheizen. Für die Sauce die Tomaten 2 Minuten in Wasser kochen, herausheben und häuten. Öl in einer kleinen, beschichteten Pfanne erhitzen. Zwiebeln darin bei starker Hitze braten, bis sie sich am Rand goldgelb färben. Knoblauch zufügen und bei mittlerer Hitze 30–50 Sekunden sanft weiterbraten, bis er duftet. Dann auf schwache Hitze schalten. Tomaten vierteln und mit dem Zitronensaft zugeben. Sauce mit Salz, reichlich Pfeffer und den Kräutern würzen. Abschmecken und bei Bedarf mehr Zitronensaft zufügen.

Die Sardinen mit der Hautseite nach oben auf ein Backblech legen. Unter dem Grill 3–4 Minuten garen (Makrelen 5 Minuten), wenden und noch 1 Minute weitergrillen. Auf die Röstbrote legen und mit der Sauce beträufeln.

Fisch in Folie mit Minze, Koriander und Kokos

VATA
Gut mit schwarzem Pfeffer

PITTA
Bestens geeignet

KAPHA
Nur gelegentlich, bei Kapha-Ungleichgewicht lieber verzichten

Für 2 Personen

2 feste, weiße Fischfilets
½ TL Ghee (nach Belieben)
Zitronenspalten zum Servieren

Für die Kräuterpaste
40 g Kokoscreme
8 frische Minzeblätter
18 g frisches Koriandergrün
1½– 1¾ TL Limetten- oder Zitronensaft
1 kleine Knoblauchzehe, geschält
½ TL gemahlener Koriander
⅓ TL gemahlener Kreuzkümmel
1 kräftige Prise Zucker
Steinsalz

Hier eine kinderleichte Art, Fisch zuzubereiten. Koriander und Minze helfen bei der Verdauung des Proteins. Wegen der kühlenden Kokoscreme eignet sich das Gericht besonders für Pitta. Es ist aber auch gut für Vata und bekommt durch 1 Prise frisch gemahlenen schwarzen Pfeffer einen zusätzlichen Kick. Bei Kapha-Ungleichgewicht ist es dagegen ein bisschen kühl und schwer. Wer sich aber einigermaßen ausgeglichen fühlt, sollte unbedingt einen Versuch wagen. Servieren Sie den Fisch mit Reis und Gemüse.

Für die Kräuterpaste alle Zutaten mischen. 5–6 Esslöffel Wasser einrühren, bis ein feines Püree entsteht. Mit Salz und Pfeffer abschmecken, dabei ruhig leicht übersalzen, da der Fisch der Paste Salz entzieht.

Aus Alufolie zwei große Quadrate schneiden und übereinanderlegen. Die Fischfilets mit der Haut nach unten mittig darauflegen. Mit Kräuterpaste und nach Belieben Ghee bestreichen. Die Folie fest zu einem Päckchen falten, sodass kein Dampf entweichen kann (ich falte die Ränder mehrmals nach innen). Den Fisch 15 Minuten marinieren lassen. Inzwischen den Backofen auf 180 °C (Umluft 160 °C) vorheizen.

Den Fisch im Ofen (Mitte) 12–14 Minuten garen. Das Päckchen öffnen, die Haut abziehen und die Filets und mit Zitronenspalten servieren.

Gegrillte Seezunge mit Zitrone und Mandeln

VATA
Gut geeignet

PITTA
Gut geeignet

KAPHA
Ohne Ghee oder Butter

Für 2 Personen

2 Seezungen- oder Rotzungenfilets
4 TL Zitronensaft
½ TL abgeriebene Schale von 1 Bio-Zitrone
1 TL Ghee oder Butter (nicht für Kapha)
2 TL Pflanzenöl
2 Knoblauchzehen, geschält und fein zerdrückt
Steinsalz
1½ Mandelblättchen oder -stifte
1 gehäufter EL frisch gehackte Petersilie

Dieses Fischgericht ist ideal für ein Mittagessen unter der Woche. Einfach und schnell zubereitet, passt es zu allen Doshas. Stimmen Sie Gemüse und Garnierung auf Ihren persönlichen Körpertyp ab. Statt mit Mandeln schmeckt der Fisch auch mit Brotbröseln. Mit frischem Gemüse servieren.

Den Backofengrill auf 180 °C (Umluft 160 °C) vorheizen.

Die Fischfilets kalt abspülen und trocken tupfen. Eventuell verbliebene Gräten mit einer Pinzette entfernen. Die Filets in eine kleine Auflaufform legen.

Zitronensaft und -schale in einer Schüssel mischen, Ghee (je nach Dosha), Öl, 2 EL Wasser, Knoblauch und Salz einrühren. Die Mischung über die Filets träufeln. Den Fisch wenden und so auch die andere Seite benetzen. Die Filets mit Mandeln bestreuen und unter dem Grill (unten) 5–6 Minuten garen, bis die Mandeln leicht gebräunt sind. Die Filets auf zwei Teller legen. Die Petersilie in den heißen Bratsatz in der Form rühren. Die Sauce über den Fisch gießen und sofort servieren.

Rechte Seite: Gegrillte Seezunge mit Zitrone und Mandeln

FISCH · 105

HÄHNCHEN

Hähnchenfleisch ist erhitzend und schwer für den Körper. Es ist jedoch generell leichter, besser zu verdauen und daher auch besser zu verarbeiten als rotes Fleisch. Außerdem erhitzt es weniger als Fisch und Meeresfrüchte. Als Proteinlieferant ist Hähnchen daher die beste Wahl, besonders für Pitta. Gleiches gilt für Putenfleisch, gegen das Sie Hähnchen in allen Rezepten tauschen können. Für Kapha und Pitta empfehle ich, die Haut zu entfernen, für Vata ganz nach Wunsch. Bleibt die Haut dran, sollten Sie das Fleisch immer zuerst bräunen und dann schmoren, sonst wird sie weich und unappetitlich.

Grünes Hähnchencurry mit Brokkoli und Erbsen

VATA
Bestens geeignet

PITTA
Gut

KAPHA
Nur gelegentlich, die vegetarische Variante testen

Für 3–4 Personen

25 g Thaibasilikum oder normales Basilikum
350–375 ml Kokosmilch
5 Kaffirlimettenblätter
1½ TL Zucker
2–3 TL Thai-Fischsauce
150 g zarter Brokkoli
2 große Hähnchenbrustfilets, enthäutet und parallel zur Faser in dicke Scheiben geschnitten
50 g Zuckerschoten (Mangetout), entfädelt
50 g frische oder tiefgekühlte Erbsen
Steinsalz

Für die Würzpaste

1 EL Pflanzenöl
2 Schalotten, geschält und in Scheiben geschnitten
1 Stange Zitronengras, die bitteren, harten Außenblätter entfernt, den zarten inneren Teile in Scheiben geschnitten
3 große Knoblauchzehen, geschält
1 Stück Galgant oder Ingwer (1 cm lang), geschält und grob gehackt
10 Korianderstängel
1–2 grüne Chilischoten (nicht für Pitta)

Grundlage dieses Currys ist eine Zitronengraspaste. Sie bringt die Doshas ins Gleichgewicht, wärmt die kühle Kokosmilch und fördert die Verdauung des Hähnchens. Auch Koriander kurbelt die Verdauung an und schwemmt gleichzeitig Schwermetalle und Gifte aus dem Körper. Dieses Gericht ist hervorragend für Vata und, wegen der kühlenden Kokosmilch, auch gut für Pitta. Dennoch sollte das Gericht für besondere Gelegenheiten reserviert bleiben. Natürlich können Sie es auch mit Gemüse nach Saison oder nach Ihrer Liste (s. S. 153–154) zubereiten. Das Curry lässt sich problemlos in ein vegetarisches Gericht verwandeln: Ersetzen Sie das Hähnchen dafür durch Tofu und die Fischsauce durch Sojasauce. Für Kapha ist dieses Curry leider ein wenig zu schwer und zu süß. Personen dieses Doshas sollten es daher nur ganz selten genießen. Servieren Sie dazu Basmatireis.

Für die Würzpaste das Öl in einer kleinen Kasserolle erhitzen und die Schalotten darin weich garen. Mit allen übrigen Zutaten, 5 g Basilikum und 2 EL Wasser im Mixer zu einer glatten Paste pürieren. Falls nötig in einem Mörser noch feiner zerdrücken.

Die Paste wieder in die Kasserolle geben und bei mittlerer Hitze unter Rühren 3–4 Minuten erhitzen. Die Kokosmilch zugießen und zum Kochen bringen. Kaffirlimettenblätter, Zucker, Fischsauce und 300 ml Wasser zugeben. Aufkochen und 3–4 Minuten leise köcheln lassen.

Brokkoli und Fleisch in die Sauce geben und bei schwacher Hitze 4 Minuten köcheln lassen. Restliches Basilikum, Zuckerschoten und Erbsen einrühren. Bei Bedarf noch einen Spritzer Wasser zugießen, bis das Curry schön cremig ist. Mit Salz abschmecken.

Marokkanisches Schmorhähnchen mit Datteln und Gemüse

VATA
Bestens geeignet

PITTA
Bestens geeignet

KAPHA
Gut in kleinen Portionen, die vegetarische Variante testen

Für 4 Personen

1½–2½ EL Pflanzenöl (Kapha 1½ EL, Pitta 2 EL, Vata 2½ EL)
1 mittelgroße Zwiebel, geschält und in Scheiben geschnitten
4 große Knoblauchzehen, geschält und fein gerieben
¾ TL fein geriebener Ingwer Ingwerpaste)
¾ TL Kümmelsamen
½ TL süßes Paprikapulver
4 kleine Hähnchenschenkel mit Knochen, gehäutet und von Fett befreit
500 ml Hühner- oder Gemüsebrühe
2 TL Tomatenmark
Steinsalz und gemahlener schwarzer Pfeffer
1 kleine Möhre, geschält und diagonal in Scheiben geschnitten
1 kleine Zucchini, diagonal in Scheiben geschnitten
6 große Datteln, längs geviertelt, oder andere Trockenfrüchte (z. B. Feigen, Aprikosen)
1 große Handvoll frisch gehackte Petersilie

Für die Würzmischung

1 Zimtstange (5 cm lang)
1½ TL Sesamsaat
1¼ TL Kreuzkümmelsamen

Dieses köstliche, aus der marokkanischen Küche entlehnte Gericht kommt ohne die dort üblichen Kichererbsen (in der ayurvedischen Ernährung gibt man nur eine Proteinart in ein Gericht) und ohne die kräftig schmeckenden eingelegten Zitronen aus. Es eignet sich bestens für Vata. Etwas weniger gewürzt wird das Schmorgericht aber auch von gesunden Pitta-Typen gut vertragen. Das Gemüse macht das Gericht leicht, und die aromatische Brühe passt perfekt zu Kräuter- oder Gerstencouscous, Quinoa oder Reis. Es eignet sich auch für Kapha, jedoch nicht mit schwerem Getreide als Beilage. Besser ist die vegetarische Variante.

Für die Würzmischung Zimtstange, Sesam und Kreuzkümmel am besten in einem Mörser fein zerreiben.

Das Öl in einer großen Kasserolle erhitzen. Die Zwiebel hineingeben und langsam braten, bis sie weich ist und bräunt. Knoblauch und Ingwer zufügen und 1–2 Minuten mitbraten, bis der Knoblauch duftet. Wenn die Mischung sehr trocken aussieht, einen Spritzer Wasser zugießen. Würzmischung, Kümmel und Paprikapulver einrühren.

Die Hähnchenschenkel zugeben und die Brühe angießen. Das Tomatenmark einrühren und mit Salz und reichlich Pfeffer würzen. Alles zum Kochen bringen und zugedeckt etwa 18 Minuten leise köcheln lassen. Die Möhre einstreuen und zugedeckt noch etwa 8 Minuten weiterköcheln lassen. Zucchinischeiben (oder anderes Gemüse) zufügen und alles in 6–7 Minuten fertig garen. Die Datteln unterheben. Ist die Sauce zu dünn, noch kurz einkochen lassen, ist sie zu dick, einen Spritzer heißes Wasser zugießen. Die Petersilie einrühren und servieren.

Vegetarische Variante

Gemüsebrühe verwenden. Statt Fleisch weiteres Gemüse zufügen und ½–¾ Dose oder 50 g getrocknete, über Nacht eingeweichte und etwa 1½ Stunden gekochte Kichererbsen unterrühren.

HÄHNCHEN · 109

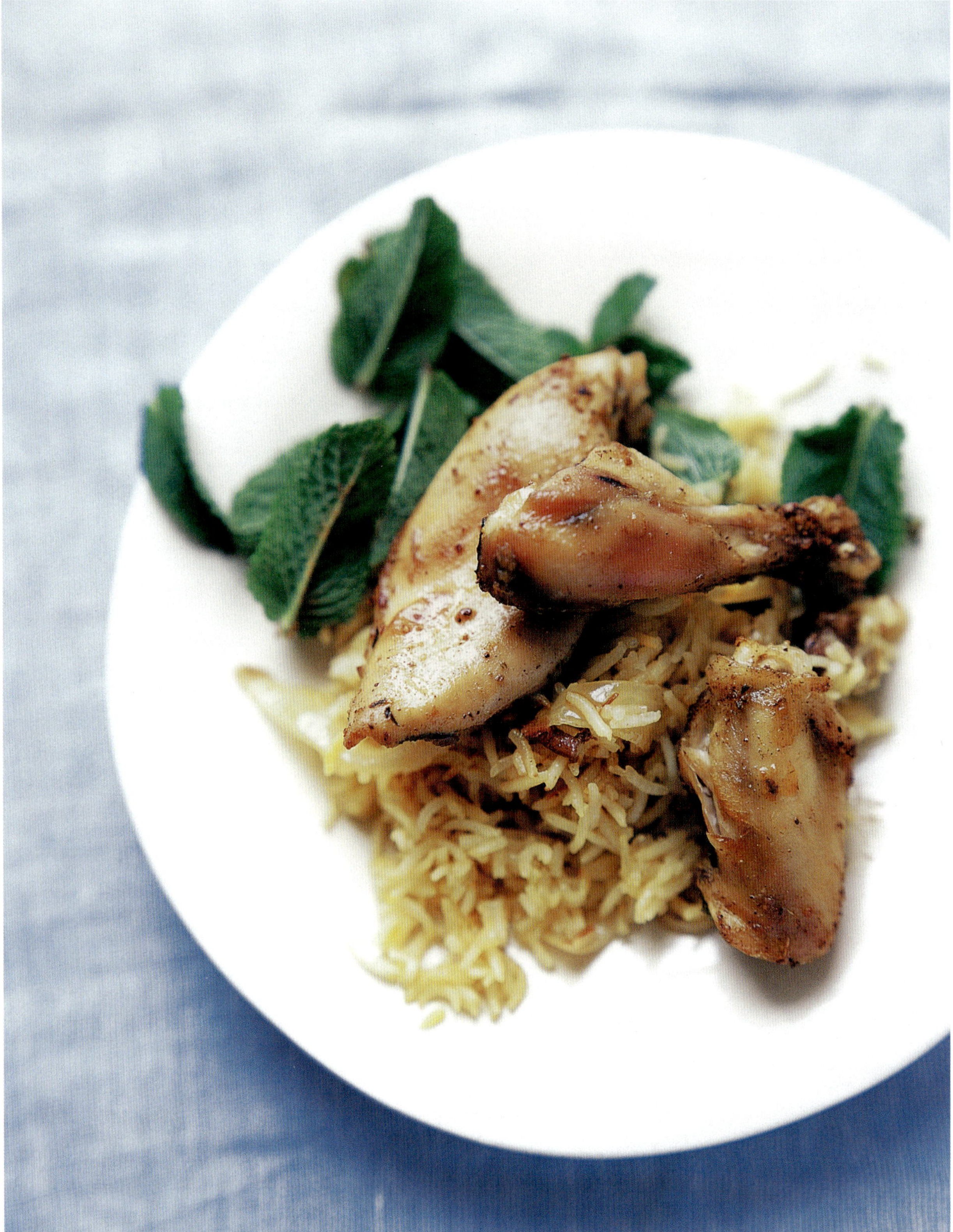

Hähnchen mit Safranreis auf persische Art

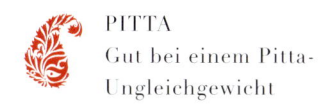

VATA
Leicht verdaulich

PITTA
Gut bei einem Pitta-Ungleichgewicht

KAPHA
Nur in kleinen Portionen

Für 2 Personen

350 g Stubenküken, gehäutet und zerlegt (vom Metzger vorbereiten lassen), oder 2 große Hähnchenschenkel, gehäutet und dreimal eingeschnitten

Für die Marinade
2 EL Pflanzenöl
2 EL Hühnerbrühe (für ein gutes Aroma) oder Wasser
¼ mittelgroße Zwiebel, geschält und gehackt (restliche Zwiebel für den Reis verwenden)
1 EL Zitronensaft
¾ TL gemahlener Kreuzkümmel
½ TL gemahlener Zimt
2 EL frische Minzeblätter

Für den Safranreis
100 g Basmatireis
1 kräftige Prise Safran
1 EL Ghee oder Pflanzenöl
1 Lorbeerblatt
1 große Zimtstange
4 grüne Kardamomkapseln
½ mittelgroße Zwiebel, geschält und in Scheiben geschnitten
1 Knoblauchzehe, geschält und fein gehackt
240 ml Hühnerbrühe oder Wasser
Steinsalz
2 Datteln, entkernt und in Scheiben oder grobe Stücke geschnitten

Dieses herrliche Gericht duftet nach den Aromen Persiens. Es ist hervorragend geeignet bei Pitta-Ungleichgewicht, da Safran den Pitta-Anteil im Körper senkt und Datteln blutreinigend wirken. Da Safran nährt und Reis leicht verdaulich ist, wird auch der Vata-Typ dieses Gericht genießen. Er kann auch noch etwas Ghee oder Butter hinzufügen. Für Kapha dagegen enthält es zu viel Süße (Huhn und Reis sind beide »süß«). In kleinen Portionen und mit viel Gemüse ist das Gericht aber auch für dieses Dosha bekömmlich. Die Hähnchenschenkel durch Hähnchenbrust ersetzen.

Für die Marinade alle Zutaten verrühren. Die Hähnchenteile hineinlegen und mehrmals wenden, bis sie rundum mit Marinade überzogen sind. Mehrere Stunden, besser über Nacht, im Kühlschrank ruhen lassen, damit das Fleisch die Aromen gut aufnehmen kann. Vor dem Braten herausnehmen und Zimmertemperatur annehmen lassen.

Den Backofen auf 180 °C (Umluft 160 °C) vorheizen. Das Fleisch aus der Marinade heben. Die Marinade durch ein Sieb gießen und das aromatisierte Öl auffangen. Das Öl in eine Auflaufform gießen und das Fleisch hineinlegen. Im Ofen etwa 20 Minuten (Hähnchenschenkel etwa 30 Minuten) braten. Dabei regelmäßig mit dem Öl begießen.

Inzwischen für den Safranreis den Basmati waschen und einweichen. Den Safran in 2 Esslöffel heißem Wasser auflösen und 15 Minuten ziehen lassen.

Das Ghee in einer mittelgroßen Kasserolle erhitzen. Lorbeer, Zimt und Kardamom darin 20 Sekunden braten. Die Zwiebel zufügen und mitbraten, bis sie goldbraun und leicht karamellisiert ist. Den Knoblauch einrühren und 40 Sekunden weiterbraten. Zuletzt den Reis, Brühe und das Safranwasser zugeben. Salzen (das Wasser sollte nur leicht salzig sein).

Den Reis zum Kochen bringen, die Datteln unterrühren und den Reis bei sehr schwacher Hitze zugedeckt 9 Minuten garen. Dabei nicht umrühren. Ist der Reis danach nicht gar, noch 1–2 Minuten weiterköcheln lassen. Den Herd ausschalten und den Reis noch 5 Minuten ausdämpfen lassen. Mit einer Gabel auflockern, auf zwei Teller verteilen und das Fleisch darauf anrichten. Mit der Bratflüssigkeit beträufeln.

Hähnchencurry mit kühlenden Kräutern

VATA
Gut für alle drei Doshas

PITTA
Gut für alle drei Doshas

KAPHA
Gut für alle drei Doshas

Für 3–4 Personen

2 EL Ghee oder Pflanzenöl (für Kapha die Hälfte)
1 kleine Zwiebel, geschält und in Scheiben geschnitten
1 kleines Hähnchen (750 g), gehäutet und zerlegt
1–2 grüne Peperoni, mit der Messerspitze angestochen (nicht für Pitta)

Für die Kräuterpaste
60 g Koriandergrün (mit Stängeln)
3 TL Zitronensaft
12 g frische Minzeblätter
2 große Knoblauchzehen, geschält
8 g Ingwer, geschält
12 g Pistazienkerne
¾ TL Kreuzkümmelsamen
¾ TL gemahlene Fenchelsamen
1 TL gemahlener Koriander
Steinsalz

Dieses herrliche Curry wird mit Koriander und Minze zubereitet. Beide besitzen kühlende Eigenschaften, gleichen die Hitze des Hähnchens aus und fördern die Verdauung. Ich verwende dafür kleine Hähnchen mit Knochen, die das Aroma der Sauce abrunden. Wenn Sie ein normal großes Hähnchen nehmen, verwenden Sie Hühnerbrühe statt Wasser. Die Saucenzutaten eignen sich für alle Doshas. Mit Chapati, geröstetem Fladenbrot oder Basmatireis, für Kapha mit Hirse oder Quinoa servieren.

Für die Kräuterpaste alle Zutaten im Mixer fein pürieren. Die Paste mit Salz abschmecken und mit 1 Spritzer Wasser binden.

Ghee in einer beschichteten Pfanne erhitzen. Zwiebel darin in etwa 8 Minuten goldbraun braten. Fleisch zufügen und kurz bräunen. Peperoni und Kräuterpaste zugeben, gut durchrühren, salzen und Wasser zugießen, bis das Fleisch zu drei Vierteln bedeckt ist. Aufkochen, dann bei mittlerer Hitze zugedeckt 20–25 Minuten köcheln lassen, bis das Fleisch gar ist. Dabei gelegentlich umrühren. Nach 15 Minuten bei Bedarf noch etwas Wasser nachgießen. Die fertige Sauce sollte sämig sein. Abschmecken und servieren.

Pfannengerührtes Hähnchen mit Bohnen

VATA
Gut geeignet

PITTA
Nur gelegentlich

KAPHA
Gut geeignet

Für 4 Personen

1½–2½ EL Pflanzenöl (Vata 2½ TL)
½ TL braune Senfkörner
8 große Curryblätter
1 kleine rote Zwiebel, geschält und in Scheiben geschnitten
1 grüne Peperoni, mit der Messerspitze angestochen (nur Kapha)
1¼ TL fein geriebener Ingwer (Ingwerpaste)
3 Knoblauchzehen, geschält und fein zerdrückt
Steinsalz und ¼ TL gemahlener schwarzer Pfeffer
3 Hähnchenbrustfilets, gehäutet und in 2,5 cm große Würfel geschnitten
150 g dünne grüne Bohnen, diagonal in Streifen geschnitten
1–2 EL geröstete Erdnüsse, grob zerkleinert (für Kapha nur 1 EL)
¾ TL Garam Masala
½ TL Mango- oder Granatapfelpulver oder Zitronensaft zum Abschmecken

Dieses Gericht aus der südindischen Küche bringt Kapha ins Gleichgewicht und vermindert den Vata-Anteil. Die Gewürze fördern die Verdauung des Hähnchens, wirken aber zusammen mit den Erdnüssen bei Pitta-Ungleichgewicht erhitzend. Dann Senfkörner durch Kreuzkümmelsamen und Erdnüsse durch Pinien- oder Kürbiskerne ersetzen. Mit Fladenbrot (s. S. 137) oder Reis servieren.

Das Öl in einer beschichteten Pfanne erhitzen. Die Senfkörner darin braten, bis sie springen. Curryblätter, Zwiebel und Peperoni zugeben und bei starker Hitze 1–2 Minuten pfannenrühren. Die Hitze reduzieren und Ingwer, Knoblauch und Salz zugeben. Alles 30–40 Sekunden weiterrühren, oder bis der Knoblauch duftet.

Fleischwürfel zufügen und rundum gut bräunen. Mit etwas Wasser ablöschen und zugedeckt 2 Minuten kochen lassen. Bohnen untermischen und unter Rühren 3 Minuten garen. Zur Garprobe mit einer Messerspitze ins Fleisch stehen. Tritt klarer Saft aus, ist es durchgegart. Erdnüsse, Pfeffer, Garam Masala und Mangopulver einrühren. Bei Bedarf mehr Wasser zugießen.

Hähnchen in Maiskruste

KAPHA
Ideal

Das einfache Gericht ist geradezu ideal für alle Personen mit Kapha-Konstitution. Maismehl ist ein trocknendes Getreide, das im Ofen gebratene Hähnchen ist leicht und wirkt ebenfalls trocknend. Nach ayurvedischer Auffassung sollten Kapha-Typen abends ja möglichst »trockene« Speisen essen. Ich serviere das Gericht gerne mit gebratenem Maisgemüse (s. S. 132), aber Sie können auch Gemüse aus Ihrer Liste (s. S. 153–154) wählen. Das Hähnchen kann zudem durch Putenbrust ersetzt werden, die einen geringeren Fettgehalt hat. Da sie größer ist, benötigen Sie nur ein Stück. Schneiden Sie es diagonal ein und drücken Sie es dann flach.

Für 2 Personen

2 kleine Hähnchenbrustfilets, enthäutet
1 EL Pflanzenöl
Limettenspalten zum Servieren

Für die Marinade
gut 1 TL Zitronensaft
⅓ TL gemahlener Kreuzkümmel
¾ TL fein geriebener Knoblauch (Knoblauchpaste)
1½ TL fein gehackte Zwiebel
2 TL Pflanzenöl

Für die Panade
3 TL frische Semmelbrösel
1½ EL feines Maismehl
1 TL frischer Thymian
¼ TL Knoblauchsalz
⅓ TL gemahlener Kreuzkümmel
¼ TL Garam Masala (nach Belieben, aber sehr empfehlenswert)
1½ TL frisch gehackte Petersilie
Steinsalz und gemahlener schwarzer Pfeffer

Die Hähnchenfilets zwischen zwei Bögen Backpapier legen und mit einem Nudelholz oder einem schweren Topf gleichmäßig etwa 1,5 cm flach drücken. Für die Marinade alle Zutaten verrühren und abschmecken. Das Fleisch in der Marinade wenden, in eine Glasschüssel legen, zudecken und mindestens 8 Stunden, besser über Nacht, im Kühlschrank marinieren lassen.

Den Backofen auf 180 °C (Umluft 160 °C) vorheizen. Die Hälfte vom Öl in eine kleine Auflaufform geben und zum Erhitzen in den Ofen stellen.

Für die Panade alle Zutaten mischen. Mit Salz und reichlich schwarzem Pfeffer würzen.

Das Fleisch aus der Marinade nehmen und diese abstreifen, dabei vor allem die Zwiebeln entfernen. Die Filets von beiden Seiten in die Panade drücken, sodass sie rundum gleichmäßig überzogen ist. In die heiße Form legen, mit dem restlichen Öl beträufeln und im Ofen (Mitte) 10–12 Minuten braten. Zur Garprobe mit einer Messerspitze in die Filets stechen. Tritt klarer Saft aus, sind sie durchgegart. Mit Limettenspalten servieren.

Hähnchen auf griechische Art mit Kartoffeln

VATA
Sehr gut

PITTA
Gut geeignet

KAPHA
Mit enthäuteter Hähnchenbrust zubereiten

Für 4 Personen

500 g neue Kartoffeln, gekocht und längs halbiert
1 große rote Zwiebel, geschält und in Spalten geschnitten
12 dünne Stangen grüner Spargel, die holzigen Enden entfernt
6 große Knoblauchzehen, geschält und fein gehackt
½ kleine Bio-Zitrone, in 3 Spalten geschnitten
2 EL Pflanzenöl
Salz und gemahlener schwarzer Pfeffer
1 TL gemahlener Zimt
4 große Hähnchenschenkel mit Knochen, enthäutet
1 gehäufter EL frischer Oregano (oder einige Zweige Thymian)
12 kleine schwarze Oliven
150 ml Hühnerbrühe
2 Handvoll frisch gehackte Petersilie (wenn Thymian statt Oregano verwendet wird)

Zu diesem schnellen Gericht inspirierte mich die griechische Küche. Gebratenes Hähnchen mit Zitrone und Knoblauch ist leicht und köstlich als Sommer- oder Frühlingsessen mit Salat für Pitta und mit Gemüse für Vatta. Lassen Sie sich von der Knoblauchmenge nicht abschrecken: Er verliert beim Braten an Schärfe und wird mild. Bei Kapha-Ungleichgewicht ist das Gericht etwas schwer, aber mit weniger Kartoffeln und mit Hähnchenbrust statt -schenkeln, weniger Öl und mehr Gemüse verträglich.

Den Backofen auf 180 °C (Umluft 160 °C) vorheizen.

Gemüse, Knoblauch, 2 Zitronenspalten, Öl, etwas Salz und Pfeffer (Brühe und Oliven geben viel Würze), Zimt und Hähnchenschenkel mischen. In eine Auflaufform füllen und mit Oregano bestreuen. Im Ofen (Mitte) 30 Minuten braten, dabei das Fleisch gelegentlich mit dem Bratensaft begießen und das Gemüse darin wenden.

Oliven und Brühe zufügen, wieder in den Ofen schieben und 10 Minuten weiterbraten. Nach Belieben die Petersilie unterrühren und servieren.

Geschmortes Hähnchen mit Dill und Zitrone

VATA
Gut für alle drei Doshas

PITTA
Gut für alle drei Doshas

KAPHA
Gut für alle drei Doshas

Für 2 Personen

Oliven- oder Pflanzenöl (2 TL für Kapha, 1 EL für Pitta, für Vata etwas mehr oder etwas Butter am Schluss)
2 Hähnchenbrustfilets, enthäutet
1 kleine Zwiebel, geschält und in feine Scheiben geschnitten
1 große Knoblauchzehe, geschält und fein gehackt
Steinsalz und ½ TL gemahlener schwarzer Pfeffer (für Pitta ¼ TL)
100 ml Hühnerbrühe
40 g Dill, fein gehackt
1 EL Zitronensaft
1 kleines Stück Butter (für Vata nach Belieben)

Dieses sommerliche Gericht besticht mit seinem schlichten Aroma. Ich bereite das Hähnchen gern im Ganzen zu und zerteile es erst vor dem Servieren. Zur Abrundung des Aromas benötigen Sie eine wirklich gute Brühe. Dill ist toll für alle drei Doshas: Er reduziert Pitta und Kapha und ist neutral für Vata. Servieren Sie das Hähnchen mit gedünstetem Gemüse und neuen Kartoffeln, Basmatireis oder einem Stück Brot als Beilage.

Öl in einer mittelgroßen Pfanne erhitzen. Filets von beiden Seiten darin bräunen, herausheben und beiseitestellen. Zwiebel in die Pfanne geben und sanft braten, bis sie weich ist. Knoblauch zufügen und bei schwacher Hitze 40–50 Sekunden mitbraten. Kräftig würzen. Fleisch wieder zugeben und Brühe angießen. Zum Kochen bringen, Hitze reduzieren, und das Fleisch zugedeckt 8–10 Minuten köcheln lassen, bis es gar ist.

Dill und Zitronensaft zufügen und nochmals zugedeckt 2 Minuten köcheln lassen. (Für Vata nach Belieben Butter zugeben.) Bei zu wenig Sauce, Bratensatz mit heißem Wasser loskochen. Bei zu viel Sauce Fleisch herausheben und Sauce einkochen lassen.

Rechte Seite: Hähnchen auf griechische Art mit Kartoffeln

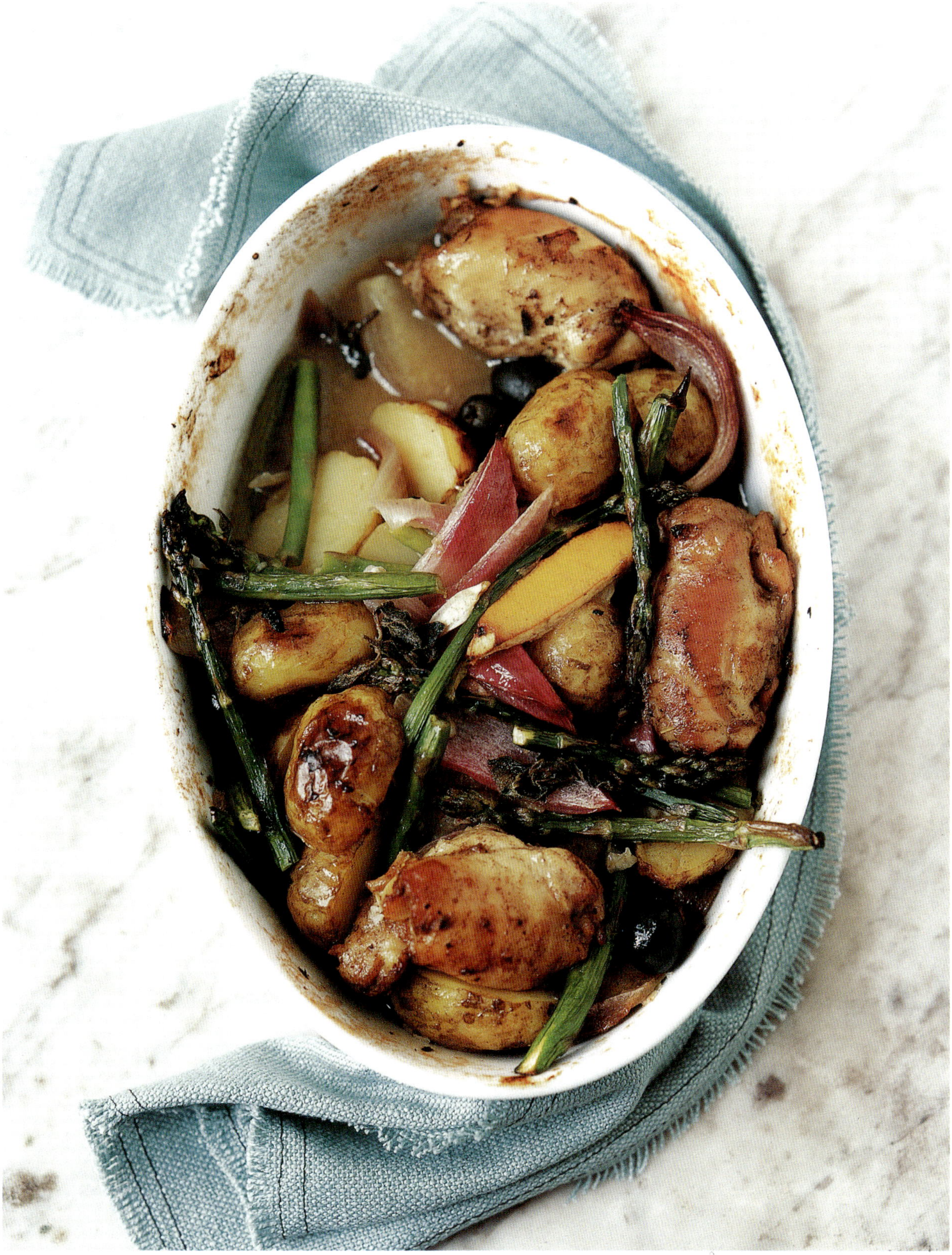

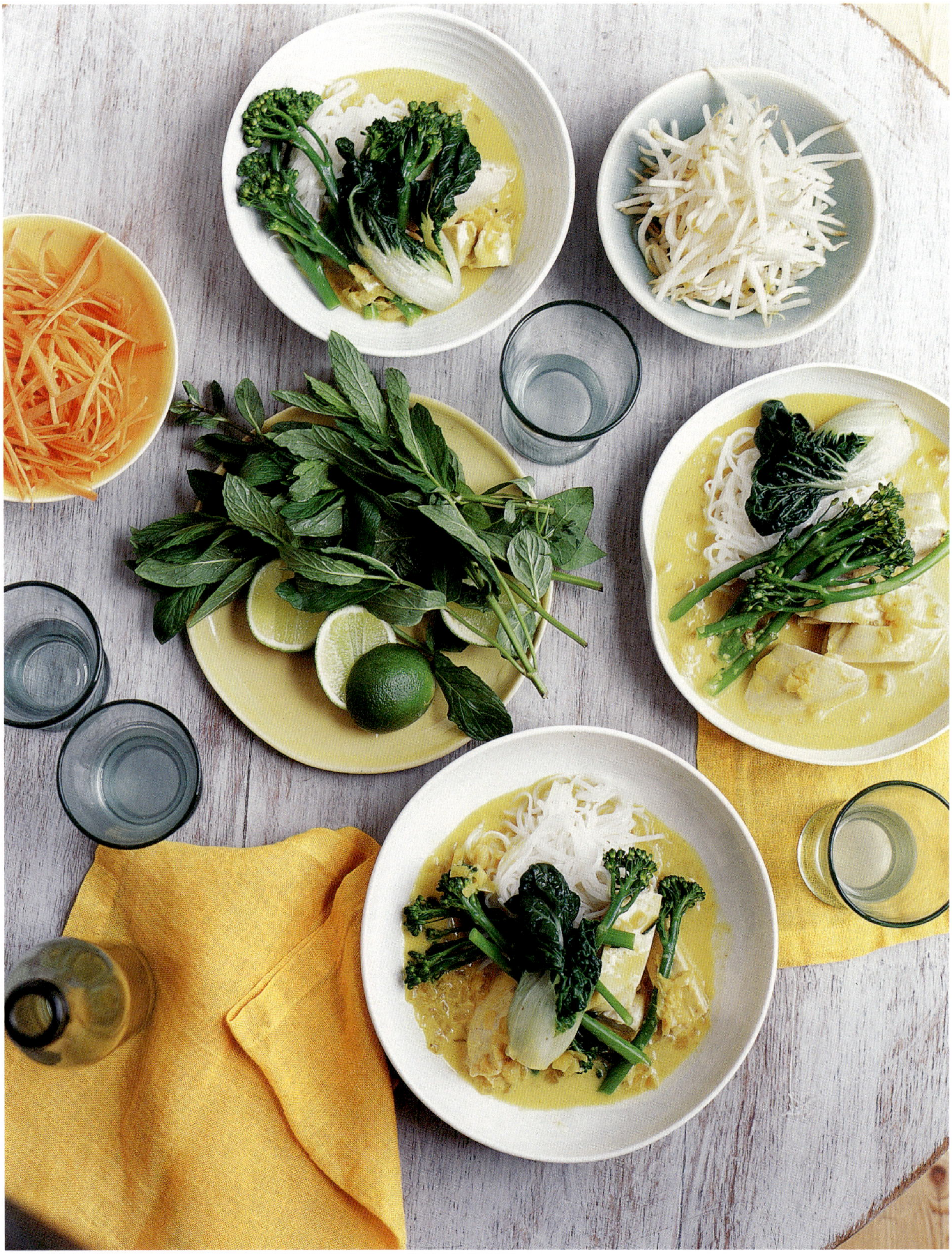

Hähnchenlaksa mit Reisnudeln

VATA
Ideal bei Vata-Ungleichgewicht

PITTA
Geeignet

Dieses Gericht ähnelt ein wenig einer malaysischen Laksa, ist aber viel leichter und besser verdaulich. Es eignet sich hervorragend bei einem Vata-Ungleichgewicht, da es cremig, samten und erdend ist. Die Kokosmilch und die frischen Kräuter bringen auch Pitta ins Gleichgewicht. Reisnudeln sind leichter verdaulich als Weizennudeln und besonders erdend. Für Kapha ist das Gericht womöglich ein wenig schwer. Es wird aber leichter, wenn Sie das Hähnchenfleisch durch Tofu ersetzen (auch für Pitta gut), Buchweizennudeln verwenden und weniger Kokosmilch nehmen.

Für 4 Personen

- 1 EL Pflanzen- oder Kokosöl
- 1 kleine oder mittelgroße Zwiebel, geschält und fein gehackt
- 10 g Ingwer, geschält und fein gerieben, plus einige dünne Streifen zum Garnieren (nach Belieben)
- 2 große Knoblauchzehen, geschält und fein zerdrückt
- ¼ TL gemahlene Kurkuma
- 1 TL gemahlener Koriander
- Steinsalz und ½ TL gemahlener schwarzer Pfeffer (nicht für Pitta)
- 250 ml gute Hühnerbrühe
- 3 mittelgroße Hähnchenbrustfilets oder 4 entbeinte Hähnchenschenkel, enthäutet und in große Stücke geschnitten
- 250–300 ml Kokosmilch
- ¾ TL Garam Masala (nicht für Pitta)
- 2–2½ TL Limetten- oder Zitronensaft
- 180–190 g Reis- oder Weizennudeln, nach Packungsangabe gekocht
- 200 g Gemüse nach Wahl, blanchiert oder gedämpft (z. B. grüne Bohnen, Brokkoli, Zuckerschoten, Bohnensprossen, Pak Choi)
- 1 Handvoll frische Minzeblätter und Koriandergrün und einige feine Möhrenstreifen zum Servieren

Das Öl in einer mittelgroßen, beschichteten Pfanne erhitzen. Die Zwiebel hineingeben und braten, bis sie weich ist und die Rändern bräunen. Ingwer und Knoblauch zufügen und 40–50 Sekunden unter Rühren mitbraten, bis der Knoblauch duftet. Kurkuma und Koriander einstreuen, mit Salz und Pfeffer würzen und mit etwas Wasser ablöschen. Mindestens 20–30 Sekunden köcheln lassen, bis das Wasser verdunstet ist.

Die Brühe angießen, aufkochen und zugedeckt 12 Minuten köcheln lassen, bis sie stark reduziert ist. Das Hähnchenfleisch zugeben, Kokosmilch und Garam Masala unterrühren. Aufkochen und das Fleisch zugedeckt bei schwacher Hitze garen. Je nach Größe der Stücke benötigt Brustfilet 3–4 Minuten, Schenkel 5–6 Minuten. Die Sauce soll schön cremig sein. Limettensaft einrühren und mit Salz und Pfeffer abschmecken.

Zum Servieren die gekochten Nudeln auf vier Schalen oder tiefe Teller verteilen. Das Fleisch jeweils auf einer, das Gemüse auf der anderen Seite anrichten. Mit Sauce übergießen und großzügig mit Minze, Koriandergrün und Möhrenstreifen bestreuen.

Reis mit Hainan-Hähnchen

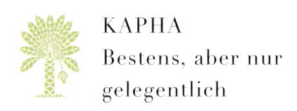

VATA
Bestens geeignet

PITTA
Bestens geeignet

KAPHA
Bestens, aber nur gelegentlich

Ein einfaches, aber schmackhaftes Gericht. Das Hähnchen zieht in einer aromatischen Brühe gar und wird mit einer einfachen Sauce sparsam garniert auf Reis serviert. Es gehört zu den bekanntesten Gerichten Singapurs und entspricht zu meinem Glück auch den Grundsätzen des Ayurveda. Das Gericht ist erdend, nahrhaft und passt zu allen drei Doshas. Die Zubereitung ist zwar nicht kompliziert, aber man muss in mehreren Schritten arbeiten. Es lohnt sich!

Für 2 Personen

2 kleine Hähnchenbrustfilets, enthäutet
gewürfelte Gurke (Vata und Pitta), in Ringe geschnittene Frühlingszwiebel (Kapha) und Koriandergrün (alle Doshas) zum Servieren

Für den Sud
1,2 l gute Hühnerbrühe
2 Frühlingszwiebeln
4 große Knoblauchzehen, zerdrückt
1 Stück Ingwer (2,5 cm lang), geschält und in Scheiben geschnitten
10 schwarze Pfefferkörner

Für den Duftreis
1 EL Pflanzenöl
1 kleine bis mittelgroße Zwiebel, geschält und fein gehackt
2 Knoblauchzehen, geschält und gehackt
120 g Jasmin- oder Basmatireis

Für das Ingwer-Chili-Dressing
½ kleine rote Pfefferschote, entkernt und in feine Ringe geschnitten
1½ TL Zitronensaft
1 TL Reisessig
1 TL Zucker
Steinsalz und schwarzer Pfeffer

Für die Sojasauce
2 TL helle Sojasauce
1 TL Rohrohrzucker
12 Tropfen Sesamöl
2 TL Pflanzenöl
½ TL dunkle Sojasauce

Für den Sud alle Zutaten in einem ausreichend großen Topf aufkochen und 15 Minuten kochen lassen. Den Herd auf sehr schwache Hitze schalten und das Fleisch in die Brühe legen. Offen in der schwach köchelnden Flüssigkeit je nach Dicke 10–12 Minuten gar ziehen lassen. Herausheben und in Alufolie wickeln.

Inzwischen für den Reis das Öl in einer kleinen, beschichteten Kasserolle erhitzen. Die Zwiebeln darin weich garen. Den Knoblauch einstreuen und unter Rühren 40 Sekunden mitbraten. Den Reis zugeben und rühren, bis die Körner rundum mit Öl überzogen sind. Den Herd ausschalten und warten, bis das Fleisch fertig ist. Den Kochsud durch ein Sieb gießen und auffangen. Ingwer und Knoblauch für das Dressing beiseitestellen.

Vom Sud 250 ml abmessen und zum Reis gießen. Langsam zum Kochen bringen, dann zugedeckt bei schwacher Hitze ohne Umrühren 10–12 Minuten köcheln lassen. Nach 10 Minuten prüfen, ob der Reis gar ist. Wenn nicht noch einige Minuten weitergaren.

Während der Reis kocht für das Dressing Ingwer und Knoblauch fein hacken. Mit den restlichen Zutaten für das Dressing mischen und 2 Esslöffel Sud einrühren. Mit Salz und Pfeffer abschmecken.

Für die Sojasauce alle Zutaten mit 3 Esslöffel Sud verrühren.

Den Reis auf zwei Teller verteilen. Das Fleisch diagonal in feine Streifen schneiden und darauf anrichten. Nach Belieben mit der Sojasauce beträufeln. Gurken oder Frühlingszwiebeln und Koriandergrün darüberstreuen und mit dem Ingwer-Chili-Dressing servieren.

HÄHNCHEN · 119

VEGETARISCHES

Gemüse deckt alle sechs Geschmacksrichtungen ab: süß (Kartoffeln, Möhren), sauer (Tomaten), salzig (Spinat, Algen), bitter (Endivie), scharf (Brunnenkresse) und herb (Blumenkohl). Es versorgt uns also mit allem, was unser Körper braucht. Zusammen mit dem Protein der Hülsenfrüchte besitzen wir damit einen echten Schatz an Nährstoffen. Wenn Sie sich bereits vegetarisch ernähren, wissen Sie, dass man mit einer ausgewogenen Mischung blendend aussieht und sich toll fühlt. Dieses Kapitel enthält eine Fülle an Rezepten mit Zutaten, die gut für alle drei Doshas sind. Damit können Sie bekömmliche Gerichte zaubern. Außerdem finden Sie Beilagen, doch lassen sich auch die anderen Rezepte auf Beilagengröße herunterrechnen. Kombinieren Sie ganz nach Geschmack, sofern Zutaten und Garmethoden zu Ihrem Dosha passen.

Erbsen-Gemüse-Curry

VATA
Gelbe Munglinsen verwenden

PITTA
Chilischoten und Pfeffer weglassen, stattdessen Kokosmilch zugießen

KAPHA
Bestens geeignet

Dieses köstliche Erbsencurry kann in aller Ruhe vor sich hin köcheln, ohne dass man ihm viel Beachtung schenken muss. Werden die Erbsen vorher eingeweicht, verringert sich die Garzeit erheblich. Für Kapha und Pitta ist das Gericht eine gute Eiweißquelle. Pitta sollte jedoch statt Chilischoten und Pfeffer 3 Esslöffel Kokosmilch oder frisch geriebene Kokosnuss verwenden. Kokos kühlt und sorgt für eine zusätzliche Geschmacksnote. Vata-Typen verwenden besser gelbe Munglinsen, da sie Schälerbsen nur schwer verdauen. Die Garzeit beträgt damit nur 30–35 Minuten.

Für 4 Personen

150 g gelbe Schälerbsen, gut gewaschen
450 g Gemüse nach Saison, in kleine Stücke geschnitten (s. Tabelle S. 153–154)
¾ TL gemahlene Kurkuma
Steinsalz
1–2 EL Ghee oder Pflanzenöl (Kapha 1 EL, Pitta 1½ EL, Vata 2 EL)
1 Prise Asafoetida
¾ TL Senfkörner
10 frische Curryblätter
1 große Schalotte, geschält und klein gehackt
1 große Knoblauchzehe, geschält und fein gehackt

Für die Würzpaste

½ TL Ghee
¾ TL Kreuzkümmelsamen
¾ TL Koriandersamen
1 getrocknete rote Chilischote (nur Kapha)
5 schwarze Pfefferkörner (nicht für Pitta)
1 Stück Zimtstange (1 cm lang)
1½ TL gelbe Schälerbsen

Die Erbsen mit 1 Liter Wasser in einen mittelgroßen Topf füllen und zum Kochen bringen. Dabei entstehenden Schaum abschöpfen. Halb zugedeckt 10 Minuten kochen, dann ganz zugedeckt 30–40 Minuten weiterköcheln, bis die Erbsen gar sind. 3 Esslöffel abnehmen, fein zerdrücken und wieder unterrühren. Gemüse und Kurkuma zugeben und mit Salz würzen. Zugedeckt etwa 10 Minuten köcheln lassen, bis das Gemüse weich ist.

Inzwischen für die Würzpaste das Ghee in einer kleinen Kasserolle erhitzen. Die restlichen Zutaten einrühren und darin nussig braun braten. Die Masse in einem Mörser zu einer feinen Paste zerstoßen.

In einer kleinen Pfanne 1 TL Ghee erhitzen und Asafoetida zufügen. Sobald das Ghee aufschäumt, die Senfkörner einstreuen und mitbraten, bis sie springen. Die Curryblätter zugeben und 1 Minute braten. Die Schalotte zufügen und weich schmoren. Den Knoblauch einrühren und alles 1–2 Minuten schmoren lassen. Dann die Würzpaste unterrühren und 10 Sekunden mitschmoren. Die Mischung unter die Erbsen rühren. Das fertige Curry soll schön cremig sein. Mit Brot oder Reis servieren.

Gemüse und Edamame in Kokos-Ingwer-Sauce

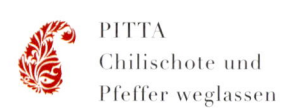

VATA
Chilischote und Pfeffer weglassen

PITTA
Chilischote und Pfeffer weglassen

KAPHA
Bestens geeignet

Dieses Gericht ist ideal für Kapha. Edamame (grüne Sojabohnen) haben einen wunderbaren Geschmack und enthalten viel Eiweiß. Sie sind in Asia- und Bioläden erhältlich. Stattdessen können Sie auch dicke Bohnen oder auch eine halbe Packung Tofu verwenden oder das Gemüse je nach Jahreszeit variieren. Das Gemüse wird mit Kokosmilch zubereitet, ist aber aufgrund der kleinen Menge sehr gut verdaulich und durch die leicht pikante Brühe auch erdend. Ohne Chilischote und Pfeffer eignet es sich auch für Vata und sogar Pitta. Reichen Sie dazu Basmatireis (Vata und Pitta) oder Glasnudeln, die aus Mungbohnen hergestellt werden und daher für Kapha sehr bekömmlich sind.

Für 2 Personen

1 EL Pflanzenöl
10 schwarze Pfefferkörner (nicht für Pitta)
1 kleine Zwiebel, geschält und in Scheiben geschnitten
1 chinesische rote Chilischote (mittelscharf), Stielansatz entfernt (nicht für Pitta)
15 g Ingwer, geschält
3 große Knoblauchzehen, geschält
1 Stängel Zitronengras, halbiert und mit dem Nudelholz zerdrückt, oder 1 kleines Stück Bio-Zitronenschale
Steinsalz
1 kleine Möhre, geschält und schräg in dünne Scheiben geschnitten
100 g kleine Brokkoliröschen
1 Staude Pak Choi, geviertelt
90 ml Kokosmilch
100 g Edamame (grüne Sojabohnen) oder gepahlte dicke Bohnen, gekocht
1–1½ TL Zitronen- oder Limettensaft
frisch gehacktes Koriandergrün

Das Öl in einer mittelgroßen, beschichteten Kasserolle erhitzen. Pfeffer und Zwiebel einstreuen und braten, bis die Zwiebel goldbraun ist.

Inzwischen drei Viertel der Chilischote, Ingwer und einen Spritzer Wasser zu einer Paste pürieren. Die Paste mit dem Zitronengras zur Zwiebelmischung geben. Bei mittlerer Hitze einkochen und bei schwacher Hitze 3–4 Minuten köcheln lassen, bis sich kleine Öltropfen in der Pfanne absetzen.

Die restliche Chilischote hacken und zugeben. 250 ml Wasser zugießen und salzen. Möhre zugeben und 5 Minuten mitgaren. Dann Brokkoli und Pak Choi zufügen und zugedeckt 4–5 Minuten köcheln lassen, bis das Gemüse gerade eben gar ist. Sollte das Gemüse zu trocken werden, einen Spritzer heißes Wasser zugeben.

Kokosmilch, Edamame und Zitronensaft einrühren und das Gemüse nochmals aufkochen lassen. Mit Koriandergrün bestreut servieren.

VEGETARISCHES · 123

124 · VEGETARISCHES

Risotto mit Bohnen-Kürbiskern-Pesto

VATA
Evtl. mit Parmesan und zusätzlicher Butter

PITTA
Bestens geeignet

KAPHA
Ohne Pesto

Für 2 Personen

Für das Pesto
- 1 EL Kürbiskerne
- 25 g dicke Bohnen, blanchiert und bei Bedarf enthäutet
- 2 TL Olivenöl (für Vata evtl. 2 TL zusätzlich)
- 3 g frische Minzeblätter

- 800–900 ml Gemüsebrühe
- 1 TL Pflanzenöl
- 1 gehäufter EL Butter oder Ghee (Kapha ¾ EL)
- 2 kleine Schalotten, geschält und fein gehackt
- 1 große Knoblauchzehe, geschält und fein gehackt
- 150–160 g Arborio-Reis
- 4 Stangen grüner Spargel, holzige Enden entfernt, Stangen diagonal in Stücke geschnitten
- ¼–½ Zucchini, in dünne Scheiben geschnitten
- 50 g dicke Bohnen
- ¼ Radicchio, in feine Streifen geschnitten
- je 1 EL frisch gehackte Minze, Estragon und Dill
- ½ TL Fenchelsamen, zerstoßen (nach Belieben)
- Steinsalz und gemahlener schwarzer Pfeffer (nicht für Pitta)

Hier gart alles langsam in einem Topf. Ein großartiges Gericht für Pitta und Vata (Vata kann zuletzt noch Parmesan zufügen). Kapha sollte nur kleine Portionen essen und das Pesto weglassen. Vata kann auch italienisches Basilikumpesto mit Pinienkernen und Parmesan verwenden.

Brühe in einem Topf erhitzen und sanft köcheln lassen. Öl und Butter in einer großen Pfanne erhitzen. Schalotten darin weich garen. Knoblauch zufügen und 30 Sekunden mitbraten. Reis einstreuen und 2 Minuten rühren. Eine Schöpfkelle Brühe angießen und weiterrühren. Bei schwacher Hitze köcheln lassen und unter Rühren immer wieder Brühe nachgießen, sobald der Reis die Flüssigkeit aufgesogen hat. Nach etwa 18 Minuten Gemüse zugeben und noch 4–5 Minuten weitergaren, bis der Reis bissfest ist.

Für das Pesto alle Zutaten mit 1 TL Wasser grob pürieren. Kräuter und Fenchelsamen unterrühren. Abschmecken und 1 Löffel Pesto ins Risotto rühren.

Linke Seite: Risotto mit Bohnen-Kürbiskern-Pesto

Gerstengraupen-Risotto

VATA
In Maßen genießen

PITTA
Bestens geeignet

KAPHA
Bestens geeignet

Für 2 Personen

Für das Gemüse (nach Wahl)
- 50 g Blattgemüse (aus Ihrer Liste, s. S. 153–154), nach 40 Minuten zufügen
- 100 g Brokkoli, Zucchini, Erbsen, nach 40 Minuten zufügen
- 150 g Butternut-Kürbis mit ½ gehackten roten Zwiebel braten, am Ende der Garzeit zufügen

- 200 g Pilze, in etwas Öl angebraten, mit 1 TL gehacktem Knoblauch, Zitronensaft und Petersilie gewürzt
- 700–800 ml Gemüsebrühe
- 1–2 EL Pflanzenöl oder Ghee (Kapha 1 EL Öl)
- ½ mittelgroße Zwiebel, geschält und fein gehackt
- 1 Handvoll Lauchstreifen (nur der weiße Teil)
- 2 Zweige frischer Thymian und 10 frische Oreganoblätter oder Rosmarinnadeln oder weiche Kräuterblätter (Estragon, Petersilie, Basilikum, Dill, Schnittlauch)
- 1 große Knoblauchzehe, geschält und fein gehackt
- 100 g Gerstengraupen
- 1 Handvoll Rucola oder Brunnenkresse
- 1–2 EL frisch geriebener Parmesan (nach Belieben)
- Steinsalz und gemahlener schwarzer Pfeffer
- 1 Spritzer Zitronensaft

Die nährstoffreichen Gerstengraupen sind eine ideale Zutat für Kapha und Pitta. Doch garen sie lange und benötigen für ein delikates Aroma viel zusätzliche Würze, z.B. durch Gemüse. Gerstengraupen eignen sich hervorragend, um Schwellungen zu lindern oder Wassereinlagerungen zu reduzieren. Auch in Maßen für Vata geeignet. Kapha und Pitta lassen den Parmesan weg, wenn sie an diesem Tag schon viele andere Molkereiprodukte verzehrt haben.

Brühe in einem Topf erhitzen und köcheln lassen. Öl in einer beschichteten Pfanne erhitzen. Zwiebel, Lauch und die härteren Kräuter anbraten, bis die Zwiebel weich ist. Knoblauch zufügen und 1 Minute mitbraten. Graupen einstreuen und 1 Minute rühren. Eine Schöpfkelle Brühe zugießen. Sobald sie aufgesogen ist, mehr nachgießen. Wiederholen, bis die Graupen bissfest sind. Nach 40 Minuten Gemüse nach Wahl unterheben. Ist es gegart, weiche Kräuter, Rucola und nach Belieben Parmesan unterheben. Abschmecken.

Reis mit Kabocha-Kürbis, Tofu und Tamari

VATA
Bestens geeignet

PITTA
Bestens geeignet

KAPHA
In Maßen genießen

Dieses kräftige, nährstoffreiche Reis-Gemüse-Gericht verströmt die Aromen Japans. Der Kabocha-Kürbis schmeckt in dieser Kombination köstlich, aber Sie können natürlich auch Butternut-Kürbis verwenden. Das Gericht eignet sich hervorragend für Vata und Pitta. Für Kapha ist es wegen der Süße allerdings etwas schwer, in kleinen Portionen zusammen mit Gemüse aber durchaus verträglich. Kleinere Portionen empfehlen sich auch für Vata – allerdings ohne Tofu. Servieren Sie für dieses Dosha etwas gebratenen Lachs dazu.

Für 2–3 Personen oder für 4 als Beilage

- 80 g weißer oder brauner Reis (z. B. Basmatireis), gewaschen
- 1 EL Pflanzenöl
- 1 kleine Zwiebel, geschält und fein gehackt
- 2 TL fein gehackter Ingwer
- 3–4 TL Tamarisauce (weizenfreie Sojasauce) oder dunkle Sojasauce
- 1 EL Rohrohrzucker
- 1 EL Mirin (japanischer Reiswein)
- 240 g Kabocha- oder Butternut-Kürbis, geschält und in 1 cm große Würfel geschnitten
- 100 g Tofu, in 1 cm große Würfel geschnitten, oder 1 Handvoll gekochte Adzukibohnen
- 80 g Erbsen (frisch oder tiefgekühlt)
- 1 TL schwarze Sesamkörner (Vata) oder 2 TL Kürbiskerne (Pitta), roh oder leicht geröstet

Den Reis laut Packungsangabe garen und in einem Sieb abtropfen lassen.

Das Öl in einer mittelgroßen, beschichteten Kasserolle erhitzen. Die Zwiebel zufügen und weich garen. Ingwer, Tamari, Zucker und Mirin einrühren und 1 Minute sprudelnd kochen lassen. Kürbisstücke und 150 ml Wasser zugeben. Aufkochen lassen und den Kürbis zugedeckt bei schwacher Hitze in etwa 15 Minuten weich garen. Nach 5 Minuten Tofu und Erbsen einrühren (tiefgekühlte Erbsen nach 10 Minuten).

Den gekochten Reis behutsam unterheben. Alles zugedeckt bei sehr schwacher Hitze noch 4–5 Minuten weitergaren, bis sich alle Aromen miteinander verbunden haben. Den Deckel abnehmen und die restliche Flüssigkeit verdampfen lassen, bis der Reis leicht klebrig ist.

Mit Sesamsamen (Vata) oder Kürbiskernen (Pitta) bestreuen und sofort servieren.

VEGETARISCHES · 127

Ayurvedisches Linsencurry

VATA
Für alle Doshas geeignet

PITTA
Für alle Doshas geeignet

KAPHA
Für alle Doshas geeignet

Linsen gehören zu den Grundbausteinen ayurvedischer Ernährung, allen voran gelbe Munglinsen. Rote Linsen sind allerdings genauso leicht verdaulich. Mit ihrem hohen Eiweißgehalt sind beide Sorten ein hervorragender Bestandteil des Speiseplans. Sie entfalten noch viel mehr Aroma, wenn beide miteinander kombiniert werden. Dieses Gericht eignet sich bestens für alle Doshas und wirkt Wunder bei Erschöpfung oder nach übermäßigem Verzehr von tierischem Eiweiß. Das Curry ist wirklich unkompliziert in der Zubereitung und echte Ayurveda-Kost. Reichen Sie Fladenbrot oder Reis dazu. Für Kapha können Sie auch Gerstengraupen und ein passendes Gemüse aus der Tabelle (s. S. 153–154) dazu servieren.

Für 4 Personen

90 g rote Linsen, gewaschen
80 g gelbe Munglinsen, gewaschen
¼ TL gemahlene Kurkuma
40 g Zwiebel, geschält und gehackt
2 große Knoblauchzehen, geschält und fein gehackt
12 g Ingwer, geschält und fein gehackt
1–2 grüne Chilischoten (nur Kapha)
Steinsalz
2–4 TL Ghee oder Pflanzenöl (Kapha 1 TL Öl, Vata und Pitta 2–3 TL Ghee)
1½ TL Kreuzkümmelsamen
¼ TL Schwarzkümmelsamen
1 TL gemahlener Koriander
½ TL Garam Masala (bei Pitta-Ungleichgewicht durch ½ TL gemahlene Fenchelsamen ersetzen)
1 große Handvoll grob gehacktes Koriandergrün
2 TL Zitronensaft

Alle Linsen mit 900 ml Wasser in einem Topf zum Köcheln bringen. Kurkuma, Zwiebeln, Knoblauch, Ingwer, Chili und Salz zufügen und bei milder Hitze etwa 30 Minuten garen, bis die Linsen zerfallen. Dabei gelegentlich umrühren und bei Bedarf etwas Wasser zugießen.

Das Ghee in einer kleinen Pfanne erhitzen, Kreuzkümmel und Schwarzkümmel einstreuen und 10 Sekunden leicht anbraten, bis sie duften. Die Hitze reduzieren und Koriander und Garam Masala zugeben. Die Würzmischung und das Koriandergrün unter die Linsen rühren. Nochmals abschmecken und den Zitronensaft einrühren.

Gedämpfter Tofu mit Gemüse und Sobanudeln

PITTA
Bestens geeignet, aber ohne Chilischoten

KAPHA
Bestens geeignet

Für 2 Personen

Tamarisauce (weizenfreie Sojasauce) oder Sojasauce
100–120 g Soba- oder andere Nudeln (für Pitta Weizen- oder Reisnudeln)
Steinsalz
1 Handvoll Brokkoli, in Röschen geteilt
80 g Zuckererbsen
300 g Seidentofu oder 200 g fester Tofu

Für die Brühe
12–16 getrocknete Shiitake-Pilze (je nach Größe), gründlich abgespült
2 Blätter Kombu (Seetang) oder Wakame (Algen)
3 Knoblauchzehen, geschält und in Scheiben geschnitten
20 g Ingwer, geschält und in Scheiben geschnitten
2 Frühlingszwiebeln (nur der grüne Teil), in 5 cm lange Stücke geschnitten
½ TL Sesamöl
1 TL japanischer Essig
1½–2 TL Miso-Paste

Für die Vinaigrette
1 TL Pflanzenöl
¾ TL Sesamöl
1 TL Zucker
1 TL japanischer Reisessig (bei starkem Pitta-Ungleichgewicht durch Zitronensaft ersetzen)
½ TL fein geriebener Ingwer (Ingwerpaste)
½ TL chinesische rote Chilischote, fein gehackt (nicht für Pitta)
2 gehäufte TL frisch gehackte Minze

Sobanudeln sind japanische Buchweizennudeln. In dieser aromatischen Brühe serviert, sind sie der reinste Genuss. Für Kapha ist dies ein sehr gesundes, fettarmes Gericht. Für Pitta verwenden Sie Reis- oder Eiernudeln und geben etwas mehr Minze und frisches Koriandergrün zu. Seidentofu passt sehr gut. Wer etwas mehr Biss möchte, bereitet das Gericht mit festem Tofu zu, der vorher von beiden Seiten je 3 Minuten gegrillt wurde. Dieses Gericht ist für Vata nicht geeignet.

Für die Brühe alle Zutaten mit 400 ml Wasser in einem Topf aufkochen und 20 Minuten köcheln lassen. Bei Bedarf etwas mehr Wasser zugeben. Die Brühe dann auf etwa 100 ml einkochen lassen. Durch ein Sieb abgießen und die Brühe auffangen. Die Pilze beiseitelegen. Die Brühe mit Tamari abschmecken.

Inzwischen die Nudeln nach Packungsangabe garen. Mit einem Schaumlöffel aus dem Kochwasser heben. Das Kochwasser salzen und den Brokkoli darin 1 Minute kochen. Die Zuckererbsen zufügen und beides bissfest garen. Abgießen und abtropfen lassen.

Für die Vinaigrette alle Zutaten (bis auf die Minze) mit 2 TL Wasser verrühren. Mit Tamari abschmecken und beiseitestellen.

Den Tofu auf einen kleinen Teller legen und in einem Doppeldämpfeinsatz oder einem anderen Dämpfer 5–6 Minuten dämpfen, bis er warm ist. Dann halbieren.

Die Brühe wieder erhitzen und in zwei Schalen füllen. Die Sobanudeln hineingeben und auf eine Seite die Pilze, auf die andere das Gemüse legen. Den Tofu in die Mitte gleiten lassen. Die Minze in die Vinaigrette rühren und Tofu und Gemüse damit beträufeln.

130 · VEGETARISCHES

Gegrilltes Ricotta-Spargel-Wrap

VATA
Schnelles und leichtes Gericht

PITTA
Schnelles und leichtes Gericht

Für 2 Personen

140 g Ricotta
60–80 g weicher, würziger Ziegenkäse (für Vata auch etwas mehr)
4 Walnusskernhälften, grob gehackt
8 schwarze Oliven (nicht in Lake), abgespült und fein gehackt
Steinsalz und gemahlener schwarzer Pfeffer (nur Vata)
½ TL Pflanzenöl
16 dünne oder 8 dicke Stangen Spargel, holzige Enden entfernt, Stangen schräg in Stücke geschnitten und 1 Minute blanchiert
¾ TL Balsamico-Essig
2 dünne Pita-Brote oder Weizen-Tortillas
12 frische Minzeblätter
2 EL frisch gehackte Petersilie

Der neutrale Ricotta bringt Pitta nicht ins Ungleichgewicht, benötigt aber eine geschmackliche Ergänzung. Er wird daher mit Ziegenkäse gemischt und mit kühlender Minze, Spargel, Oliven und Balsamico ergänzt. (Den Essig bei gravierendem Pitta-Ungleichgewicht weglassen.) Für Personen mit Kapha-Ungleichgewicht enthält dieses Gericht zu viel Milcheiweiß. Sie neigen bei übermäßigem Verzehr von Milchprodukten zu Verschleimung.

Ricotta, Ziegenkäse und Nüsse verrühren. Oliven unterheben, mit Salz und Pfeffer würzen.

Das Öl in einer Grillpfanne erhitzen. Spargel darin schwenken und würzen. Bei mittlerer Hitze 2–3 Minuten garen, dabei nicht zu häufig wenden, damit der Spargel gut bräunt. In einer Schüssel mit Essig mischen.

Die Brote jeweils in der Mitte mit der Käsemischung bestreichen. Mit dem Spargel belegen und mit den Kräutern bestreuen. Alle vier Seiten über die Füllung klappen. Die Wraps mit der Naht nach unten in die Grillpfanne legen und etwa 2 Minuten grillen. Wenden und die zweite Seite grillen. Sofort servieren.

Linke Seite: Pizza mit Zwiebel, Radicchio und Ziegenkäse

Pizza mit Zwiebel, Radicchio und Ziegenkäse

VATA
Gut geeignet

PITTA
Zum gelegentlichen Verzehr gut geeignet

KAPHA
Bestens geeignet, Mais-Tortillas verwenden

Für 2 Personen

1 EL Pflanzenöl
1 mittelgroße rote Zwiebel, geschält und gewürfelt
1 große Knoblauchzehe, geschält und gehackt
½ Radicchio, zerpflückt
2 TL guter Balsamico-Essig
¼ TL gemahlene Fenchelsamen (nach Belieben)
Steinsalz und gemahlener schwarzer Pfeffer
2 Weizen- oder Mais-Tortillas
15 g Brunnenkresse
40–50 g weicher, aromatischer Ziegenkäse, zerkrümelt

Die Pizza ist ein ideales Kapha-Gericht: wenig Fett, kräftige Zwiebeln und bitterer Radicchio. Den können Sie auch durch Endiviensalat oder Chicorée ersetzen. Der Boden ist federleicht, dennoch macht die Pizza schön satt. Auch der Ziegenkäse ist leichter verdaulich als Käse aus Kuhmilch. Zu einem Wrap gerollt ist die Pizza prima fürs Lunchpaket. Durch die gebratenen Zwiebeln eignet sie sich gut für Vata. Halbieren Sie aber die Radicchiomenge und geben Sie etwas mehr Öl und Käse zu. Auch für Pitta ist das Gericht gut geeignet.

Das Öl in einer beschichteten Pfanne erhitzen. Die Zwiebel und den Knoblauch darin in etwa 8 Minuten unter Rühren karamellisieren lassen. Den Radicchio zufügen und mitbraten, bis er zusammenfällt. Essig und Fenchelsamen unterrühren. Mit Salz und Pfeffer würzen und 1 Minute weitergaren.

Eine Tortilla mit einer Zange 1 Minute über einer offenen Flamme oder 1–2 Minuten in der Grillpfanne grillen, bis der Rand knusprig ist. Dabei ständig wenden. Auf einen Teller legen und die zweite Tortilla grillen. Zwiebelmasse gleichmäßig auf den Tortillas verteilen, mit Brunnenkresse belegen und mit Ziegenkäse bestreuen. Die Pizza sofort servieren.

Würziger Spinat mit Kokosnuss

VATA
Gut geeignet

PITTA
Gut bei nur gelegentlichem Genuss

KAPHA
Bestens geeignet

Für 2 Personen

- 1 Schalotte, geschält und geviertelt
- 1 große Knoblauchzehe, geschält
- 2–4 TL Pflanzenöl (Kapha 2 TL, Pitta 3 TL, Vata 4 TL)
- ¼ TL Senfkörner (nicht für Pitta)
- ¼ TL Kreuzkümmelsamen
- 1 Prise Schwarzkümmelsamen
- 1 getrocknete rote Chilischote (nur für Kapha)
- 200 g Wurzelspinat, gewaschen und grob gehackt
- Steinsalz
- 2–4 TL Kokosraspel (Kapha 2 TL, Pitta und Vata 4 TL)
- ½ TL Zitronensaft

Spinat ist ein ideales Gemüse für Kapha. Trotz seiner leicht erhitzenden Wirkung eignet er sich auch gut für Menschen mit Pitta-Ungleichgewicht. Auch für Vata ist er ausgezeichnet, doch kann die im Spinat enthaltene Säure bestehende Gelenksbeschwerden verschlimmern. Spinat reinigt das Blut und bringt Linderung bei trockenem Husten, Erkältung oder Fieber. Für Pitta sollten Sie die Senfkörner weglassen.

Schalotte und Knoblauch mit etwas Wasser cremig pürieren.

Das Öl in einer mittelgroßen Kasserolle erhitzen. Die Gewürze darin braten, bis die Körner springen. Die Hitze reduzieren und die Chilischote (für Kapha) zugeben. Spinat, Schalottenpüree und Salz zugeben. Bei mittlerer Hitze 5–6 Minuten garen, bis das Wasser aus dem Spinat verdampft ist. Die Kokosraspel unterrühren, mit Zitronensaft abschmecken und servieren.

Gebratener Mais mit Paprika

VATA
Empfehlenswert

PITTA
Geeignet

KAPHA
Gut bei ausgeglichenem Kapha

Für 2–3 Personen

- 2–4 TL Pflanzenöl, Ghee oder Butter (Kapha 2 TL, Vata 3 TL Öl, Vata 4 TL Öl, Ghee oder Butter)
- 1 kleine Zwiebel, geschält und fein gehackt
- 2 kleine Maiskolben, die Körner mit einem Sägemesser abgestreift
- ½ große Paprikaschote, in 1 cm große Würfel geschnitten
- 1 grüne Chilischote, mit der Messerspitze angestochen (nicht für Pitta)
- 2 kleine Knoblauchzehen, geschält und zerdrückt
- Steinsalz und gemahlener Pfeffer
- ¼ TL gemahlener Kreuzkümmel
- ¾–1 TL Zitronensaft
- 1 Handvoll frisch gehacktes Koriandergrün

Dieses Gericht empfiehlt sich für den dominanten Vata-Typ wie auch bei ausgeglichenem Kapha. (Bei Übergewicht sollte Mais jedoch nur in Maßen verzehrt werden.) Der süße, kühlende Mais eignet sich auch gut für Pitta. Zwiebeln und Paprika sorgen für ein wunderbares, fast mexikanisches Aroma und sind ein schöner Kontrast zum stärkehaltigen Mais. Eine klasse Beilage für alle Doshas.

Das Öl in einer beschichteten Kasserolle erhitzen. Zwiebel, Mais, Paprika, Chili, Knoblauch und Salz zufügen. Das Gemüse bei mittlerer Hitze in etwa 8 Minuten weich garen. Dabei regelmäßig umrühren und nach 4–5 Minuten einen Spritzer Wasser zugeben.

Pfeffer, Kreuzkümmel und Zitronensaft einrühren. Das Gemüse abschmecken und das Koriandergrün unterheben. Knoblauch und Chilischote entfernen und servieren.

Süßkartoffeln auf südindische Art

VATA Bestens geeignet

PITTA Bestens geeignet

Für 2–3 Personen

1 EL Pflanzenöl oder Ghee
½ TL Senfkörner (nicht für Pitta)
¼ TL Schwarzkümmelsamen
8 große frische Curryblätter
1 gehäufter TL fein gehackter Ingwer
1 kleine Zwiebel, geschält und fein gehackt
Steinsalz und gemahlener Pfeffer
1 mittelgroße Süßkartoffel mit orangefarbenem Fruchtfleisch (etwa 400 g), geschält und in 4 cm große Würfel geschnitten
⅓ TL gemahlene Fenchelsamen
1½ TL Limetten- oder Zitronensaft

Süßkartoffeln sind leichter verdaulich als normale Kartoffeln. Mit ihrer süßen Stärke eignen sie sich hervorragend für Vata und Pitta. Ich habe sie immer als zu süß empfunden, aber mit diesen Gewürzen und Aromen schmecken sie köstlich. Servieren Sie dazu das ayurvedische Linsencurry (s. S. 128) oder gebratenes bzw. gegrilltes Huhn.

Das Öl in einer breiten, beschichteten Kasserolle erhitzen. Senfkörner und Schwarzkümmel darin braten, bis sie springen. Nacheinander Curryblätter, Ingwer und Zwiebel einstreuen. Salzen und alles bei mittlerer Hitze braten, bis die Zwiebeln am Rand goldgelb sind.

Süßkartoffel und Fenchelsamen zufügen und gut untermischen. Wasser zugießen, bis das Gemüse zu einem Drittel bedeckt ist. Aufkochen und zugedeckt bei mittlerer Hitze 12–14 Minuten garen, bis sich die Süßkartoffeln leicht anstechen lassen.

Den Deckel abnehmen. Ist das Wasser nicht vollständig eingekocht, bei starker Hitze verdampfen lassen. Dabei nicht mehr umrühren. Das Gemüse mit Salz und Pfeffer und Limettensaft abschmecken.

Wirsing mit Erbsen

PITTA Bestens geeignet

KAPHA Bestens geeignet

Für 2 Personen (reichlich)

2 TL Pflanzenöl oder Ghee
½ TL Kreuzkümmelsamen
½ mittelgroße Zwiebel, geschält und fein gehackt
Steinsalz
1 Knoblauchzehe, geschält und gehackt
1 TL gehackter Ingwer
¼ TL gemahlene Kurkuma
½ TL gemahlener Koriander
½ kleiner Kopf Wirsing, fein gehobelt
60 g grüne Erbsen (frisch oder tiefgekühlt)
1 EL Kokosraspel (für Pitta nach Belieben, nicht für Kapha)

Kohl empfiehlt sich sehr für den Speiseplan von Kapha und Pitta. Er ist kühlend, herb und bitter – ideale Eigenschaften für diese beiden Doshas. Ich selbst mag Wirsing oder auch Chinakohl viel lieber als Weißkohl, der geschmacklich etwas fad ist. Personen mit einem Pitta-Ungleichgewicht wird oft geraten, stark Gewürztes zu meiden, was ihren Speiseplan ziemlich einschränkt. Probieren Sie diese einfache indische Beilage. Sie schmeckt sehr gut zum ayurvedischen Linsencurry (s. S. 128) oder ganz schlicht mit Reis oder indischem Brot.

Das Öl in einer großen, beschichteten Kasserolle erhitzen. Den Kreuzkümmel darin braten, bis er duftet. Zwiebel und Salz zufügen und weich garen. Knoblauch und Ingwer einstreuen und 40–50 Sekunden mitbraten. Dann Kurkuma, Koriander und einen großen Spritzer Wasser zugeben.

Wirsing und Erbsen zufügen und 5–6 Minuten sanft köcheln lassen, bis der Wirsing zusammenfällt und die Erbsen gar sind. Die Kokosraspel unterheben und servieren.

Carbonara mit Zucchini und Ziegenkäse

VATA — Bestens geeignet

PITTA — Nur gelegentlich

KAPHA — Buchweizennudeln und weniger Käse verwenden

Für 2 Personen

Steinsalz und gemahlener schwarzer Pfeffer
140 g Penne oder Rigatoni
1 EL Olivenöl
1 große Knoblauchzehe, geschält und fein gehackt
½ mittelgroße Zwiebel, geschält und in feine Scheiben geschnitten
1 große Zucchini, in sehr feine Scheiben geschnitten
12 große Basilikumblätter, 6 davon zerpflückt
60 g Ziegenkäse (ohne Rinde) oder 30 g geriebener Parmesan
¼ TL abgeriebene Schale von 1 Bio-Zitrone
1 Spritzer Zitronensaft
1 Eigelb

Diese Carbonara kommt ohne Sahne aus und verdankt ihre cremige Konsistenz einer Mischung aus Eigelb und Parmesan. Ich ziehe Ziegenkäse vor, da er leichter verdaulich ist, aber Parmesan geht genauso. Das cremige Gericht ist ideal für Vata, eignet sich gelegentlich aber auch für Pitta (bei säuerlichem und salzigem Käse zurückhaltend sein). Auch Kapha kann das an sich leichte Gericht mit Buchweizennudeln und weniger Käse hin und wieder genießen.

Wasser in einem großen Topf zum Kochen bringen. Salzen und die Nudeln darin bissfest garen.

Inzwischen Öl und Knoblauch in einem großen, beschichteten Topf erhitzen und den Knoblauch 1 Minute leicht braten lassen. Zwiebel, Zucchini, ganze Basilikumblätter und etwas Salz untermischen. Alles zugedeckt bei sehr schwacher Hitze 5–7 Minuten garen, bis die Zucchinischeiben weich sind.

2–3 Esslöffel Nudelwasser beiseitestellen. Nudeln abgießen und abtropfen lassen. Nudelwasser unter das Gemüse rühren. Den Herd ausschalten. Ziegenkäse, zerpflücktes Basilikum, Zitronenschale und -saft und Eigelb zum Gemüse geben. Umrühren, bis das Eigelb die Nudeln überzieht (es gart in der Resthitze). Abschmecken.

Cannellini mit Grünkohl

VATA — Nur gelegentlich

PITTA — Weniger Tomaten und zusätzlich Zitronensaft verwenden

KAPHA — Bei Kapha-Ungleichgewicht mit Polenta servieren

Für 4 Personen

1½–2 EL Olivenöl (Pitta 2 EL)
2 große Zweige frischer Thymian
½ Zwiebel, geschält und gehackt
¾ Möhre, geschält und klein geschnitten
½ kleine Stange Lauch (der weiße Teil), längs halbiert und in Ringe geschnitten
2 Knoblauchzehen, geschält und fein gehackt
1 mittelgroße Tomate, enthäutet und püriert
½ TL gemahlener Kreuzkümmel
1 getrocknete rote Chilischote (nur Kapha)
½ TL Instant-Gemüsebrühe, in 200 ml Wasser aufgelöst
80 g Grünkohl, gehackt und dicke Blattrippen entfernt
1 Dose Cannellini-Bohnen (400 g) oder 150 g getrocknete (s. S. 56–57)
Steinsalz und schwarzer Pfeffer (nur Kapha)

Bohnen eignen sich hervorragend für Kapha und Pitta. Alternativ können Sie auch Borlotti-, Pinto- oder weiße Bohnen verwenden. Grünkohl ist für Kapha und Pitta ein harmonisierendes Blattgemüse. Er ist reich an Vitaminen und Mineralstoffen und reinigt das Blut. Bei Kapha-Ungleichgewicht dazu Polenta mit Kräutern (s. S. 140) reichen. Bei starkem Pitta-Ungleichgewicht zuletzt Zitronensaft zugeben Mit Brot, Reis oder Quinoa servieren.

Das Öl in einer mittelgroßen, beschichteten Pfanne erhitzen. Thymian, Zwiebel, Möhre und Lauch zugeben und anbraten, bis die Zwiebel weich ist. Knoblauch zufügen und 1 Minute unter Rühren mitbraten. Tomate, Kreuzkümmel, Chili und drei Viertel der Brühe zufügen. Aufkochen und 15 Minuten sanft köcheln lassen, bis die Brühe vollständig verdampft ist.

Grünkohl mit einem Spritzer Brühe einrühren und 5 Minuten garen. Bohnen und restliche Brühe zugeben und 5 Minuten weitergaren, bis sich die Zutaten verbunden haben. Abschmecken (für Kapha zusätzlich mit Pfeffer).

Rechte Seite: Carbonara mit Zucchini und Ziegenkäse

VEGETARISCHES · 135

GETREIDE

In diesem Kapitel finden Sie Getreiderezepte, die Sie mit Gerichten aus den anderen Kapiteln kombinieren können. Und natürlich schmecken sie auch als Beilage zu Speisen aus Ihrer normalen Küche. Ich hoffe, Sie bekommen Lust darauf, sich selbst Kombinationen zu suchen. Wählen Sie dafür Beilagen aus meinen Rezepten oder auch vollständige Rezepte aus und rechnen sie diese auf Beilagenportionen um. Kombinieren Sie ganz nach Ihrem Geschmack. Achten Sie nur darauf, dass die Zutaten und die Zubereitung zu Ihrem Körpertyp passen.

Dinkel-Rotis (Indisches Brot)

VATA
Bestens geeignet

PITTA
Bestens geeignet

KAPHA
Nur gelegentlich

In Nordindien reicht man praktisch zu jeder Mahlzeit Fladenbrote aus Vollkornmehl. Sie werden ohne Hefe hergestellt und eignen sich deshalb gut für Vata. Dinkel enthält weniger Gluten als Weizen, was vorteilhaft für alle Doshas ist. Gluten nämlich begünstigt die Ansiedlung von Pilzen. Ich verwende je zur Hälfte Dinkelvollkorn- und helles Dinkelmehl. Diese Mischung macht das Brot schön locker, aber verwenden Sie ruhig die Mehltype, die Sie am liebsten mögen. Besondere Fertigkeiten sind nicht gefragt – Sie benötigen lediglich ein Nudelholz. Die Fladen müssen nicht kreisrund sein, formen Sie sie beliebig. Das Brot ist ideal für Vata und Pitta, für Kapha nur hin und wieder.

Ergibt 4 Stück

80 g Dinkelvollkornmehl (oder halb Vollkornmehl halb Type 630), plus Mehl zum Arbeiten

Das Mehl in eine große Schüssel geben. 90 ml Wasser zugießen und mit den Händen verkneten. Ist der Teig zu trocken, teelöffelweise mehr Wasser zugeben. Den Teig 4–5 Minuten durchkneten, bis er geschmeidig und leicht klebrig ist. Mit einem feuchten Geschirrtuch zudecken und 20–30 Minuten in der Schüssel ruhen lassen.

Den Teig vierteln und die Portionen zu Kugeln rollen. Die Arbeitsfläche mit etwas Mehl bestäuben. Eine Kugel mit den Händen etwas flach drücken, auf beiden Seiten mit Mehl bestäuben und zu einem dünnen Kreis ausrollen (12,5–15 cm Ø). Dabei den Teig mehrmals um ein Viertel weiterdrehen.

Eine Tawa (flache indische Grillpfanne) oder eine beschichtete Bratpfanne stark erhitzen. Überschüssiges Mehl vom Teig abschütteln und den Teig in die Pfanne legen. Bei mittlerer Hitze 20–30 Sekunden backen, bis er auf der Unterseite Blasen wirft. Den Fladen wenden und von der zweiten Seite backen, bis diese stellenweise goldbraun wird.

Den Fladen wieder wenden und weiterbacken, bis sich auf der Unterseite wieder goldbraune Flecken bilden. Dann mehrmals sanft auf den Pfannenboden drücken, bis sich der Fladen stellenweise aufbläht. Das fertige Brot aus der Pfanne nehmen und zum Warmhalten in ein Geschirrtuch wickeln oder bei etwa 80 °C im Backofen warm stellen. Die restlichen Teigportionen ebenso backen und warm stellen.

Einfacher Pilaw

VATA
Bestens geeignet

PITTA
Pfefferkörner weglassen

KAPHA
Nur gelegentlich essen, am besten mit Quinoa

Für 4 Personen

- 1–2 EL Ghee oder Pflanzenöl (Kapha 1 EL, Pitta 1½ EL, Vata 2 EL)
- 1 TL Kreuzkümmelsamen
- 3 Gewürznelken (nicht bei starkem Pitta-Ungleichgewicht)
- 6 Pfefferkörner (nicht für Pitta)
- 1 Stück Zimtstange (2,5 cm lang)
- 1 kleine Zwiebel, geschält und in dünne Scheiben geschnitten
- 100 g grüne Erbsen (frisch oder tiefgekühlt)
- 180 g Basmatireis (oder 240 g Quinoa), nach Packungsangabe gegart
- ½ TL Garam Masala
- 1 EL Zitronensaft
- Steinsalz

Dieser Pilaw (Foto s. S. 81) wird mit braunem oder weißem Basmatireis zubereitet. Nach ayurvedischer Lehre ist dieser Reis hochwertiger als andere Reissorten. Der Pilaw schmeckt auch mit Quinoa, das besonders vorteilhaft für Kapha ist. Ich finde dieses Reisgericht wunderbar leicht und bekömmlich. Es ist schnell zubereitet, aromatisch, aber nicht scharf und schmeckt der ganzen Familie, etwa als Beilage zu anderen indischen Gerichten.

Das Ghee in einer großen, beschichteten Pfanne erhitzen. Alle Gewürze zugeben und 30 Sekunden braten. Die Zwiebelscheiben zufügen und etwa 6 Minuten sanft karamellisieren lassen. Frische Erbsen und etwas Wasser zugeben und zugedeckt 7–8 Minuten garen.

Reis, falls verwendet tiefgekühlte Erbsen, Garam Masala, Zitronensaft und Salz einrühren. Ist der Reis sehr trocken, noch etwas Wasser zugießen. Alles unter Rühren sanft erhitzen und servieren.

Rechte Seite: Quinoa mit gebratenem Gemüse und Kichererbsen

Quinoa mit gebratenem Gemüse und Kichererbsen

VATA
Kichererbsen und Rosinen weglassen

PITTA
Gut geeignet

KAPHA
Pinienkerne weglassen

Für 2 Personen als Hauptgericht oder für 3–4 als Beilage

- 3 dicke Stangen grüner Spargel, holzige Enden entfernt, Stangen in 2 cm lange Stücke geschnitten
- ½ Zucchini, längs halbiert und in Scheiben geschnitten
- 1 kleine rote Zwiebel, geschält und in Scheiben geschnitten
- 1–2 EL Olivenöl (Kapha 1 EL, Pitta 1½ EL, Vata 2 EL), plus mehr zum Braten
- 2 Zweige frischer Thymian
- Steinsalz und gemahlener schwarzer Pfeffer
- 80 g Quinoa, gewaschen und abgetropft
- 1¼ EL Zitronensaft
- 2 TL Rosinen (nach Belieben, nicht für Vata)
- 1 EL Pinienkerne, leicht geröstet (nicht für Kapha)
- 100 g Kichererbsen (aus der Dose), abgespült (für Vata stattdessen gekochtes Huhn, Feta oder Ziegenkäse)
- ¾ TL gemahlener Kreuzkümmel
- 1 Handvoll frisch gehackte Petersilie

Quinoa ist das Getreide mit dem größten Gehalt an hochwertigem Protein und damit eine wichtige Zutat in der vegetarischen Küche. Es ist leicht verdaulich und für jeden geeignet. Aufgrund des hohen Proteingehalts ist es eine vollwertige Mahlzeit, kann aber auch als Beilage zu Hähnchen oder Fisch servieren werden (dann die Kichererbsen weglassen).

Den Backofen auf 200 °C (Umluft 160 °C) vorheizen. Spargel, Zucchini, Zwiebel, Öl und Thymian in einer ofenfesten Pfanne mischen. Mit Salz und Pfeffer würzen und im Ofen (Mitte) in 15–20 Minuten weich garen.

Inzwischen die Quinoa nach Packungsangabe in Brühe oder Wasser garen, bis sie bissfest ist und leicht aufplatzt. In einem Sieb gut abtropfen lassen.

Quinoa unter das Gemüse heben. Mit Zitronensaft, Rosinen, Pinienkernen, 1 Spritzer Öl, Kichererbsen, Kreuzkümmel und Petersilie unter Rühren erhitzen. Abschmecken.

GETREIDE · 139

Gegrilltes Kräuterfladenbrot

VATA — Bestens geeignet

PITTA — Bestens geeignet

KAPHA — Nur gelegentlich

Ergibt 4 kleine Brote

- 1 TL Trockenhefe
- 90–95 ml lauwarmes Wasser
- 150 g Weizenmehl (oder halb Dinkelmehl Type 630, halb Dinkelvollkornmehl), plus mehr zum Arbeiten
- ½ TL Steinsalz
- 1 Prise Zucker
- ¼ TL Schwarzkümmel- oder Fenchelsamen (nach Belieben)
- 2 TL Olivenöl, plus mehr zum Arbeiten
- 1 Handvoll frisch gehackte Minze, Petersilie oder Koriandergrün

Das wunderbar weiche Fladenbrot lässt sich unterschiedlich aromatisieren. Ist der Teig erst mal aufgegangen, ist es schnell fertig. Sie können Weizenmehl verwenden, aber besonders gut gelingt das Rezept mit Dinkelmehl. Zudem enthält Dinkel weniger Gluten als Weizen. Die Fladen zu orientalischen Mezze (s. S. 87) oder kleinere Portionen als Beilage zu einer Suppe servieren. Ideal für Vata und Pitta, nicht für Kapha.

Die Hefe in einer großen Schüssel im Wasser auflösen. Mehl, Salz, Zucker und Schwarzkümmel mischen. Mit dem Öl zur Hefe geben. Alles zu einem Teig verkneten, dann auf der leicht bemehlten Arbeitsfläche weiterkneten, bis er geschmeidig ist. Wenn er klebt, noch etwas mehr Mehl unterkneten. Den Teig zu einer Kugel formen, auf ein Backblech legen und mit etwas Öl bepinseln. Mit einem Geschirrtuch zudecken und an einem warmen Ort 1–1½ Stunden gehen lassen, bis sich sein Volumen verdoppelt hat. Die Kräuter unterkneten.

Eine Grillpfanne stark erhitzen. Teig vierteln. Portionen nacheinander auf der bemehlten Arbeitsfläche zu länglichen, dünnen Fladen ausrollen. Je zwei Fladen nebeneinander in die Pfanne legen und nach Belieben mit Olivenöl bestreichen. Bei mittlerer Hitze 2–3 Minuten backen, bis sich auf der Unterseite goldbraune Linien zeigen. Fladen wenden und von der anderen Seite backen. Mit den restlichen Teigportionen wiederholen.

Polenta mit Kräutern

KAPHA — Ideal

Für 2–4 Personen

- 2 TL Ghee oder Butter
- ½ kleine Zwiebel, geschält und gehackt
- 2 Zweige frischer Thymian, Blätter abgezupft
- 2 gehäufte TL frisch zerpflückte Oreganoblätter
- 1 kleine Knoblauchzehe, geschält und fein gehackt
- 500 ml Gemüsebrühe (aus ½ TL Instant-Brühe)
- etwas grob gemahlener schwarzer Pfeffer
- Steinsalz
- 100 g Polenta

Polenta ist ideal für Kapha, weil sie trocknend wirkt. Doch sind viele Polentagerichte zu mächtig, weil ihnen aus Geschmacksgründen viel Käse beigegeben wird. Ich bereite die Polenta mit Ghee zu, denn sie braucht etwas Fett. Oft fülle ich sie in einen Teller, lasse sie fest werden, schneide sie in Tortenstücke und grille sie (siehe Tipp). Reichen Sie Cannellini mit Grünkohl dazu (s. S. 134) oder servieren Sie die gegrillte Polenta zu Suppe oder Salat. Für Abwechslung sorgen auch Beilagen wie gehackter, angebratener Kohl oder gebratene rote Paprikawürfel mit Zwiebeln. Sie können auch eine Handvoll gekochte Maiskörner, etwas Chili und gemahlenen Kreuzkümmel zur Polenta geben.

Das Ghee in einer mittelgroßen, beschichteten Pfanne erhitzen und die Zwiebel darin goldbraun braten. Kräuter und Knoblauch zufügen und bei schwacher Hitze 1 Minute mitbraten. Die Brühe angießen, aufkochen und zugedeckt 2 Minuten köcheln lassen. Mit Salz und Pfeffer abschmecken und die Polenta unter Rühren einstreuen. Bei mittlerer Hitze 5–6 Minuten unter Rühren quellen lassen, bis sich die Polenta vom Topfrand löst.

Tipp: Gegrillte Polenta

Die Polenta etwas länger weitergaren, bis sie ziemlich fest ist. In einen tiefen Teller füllen, sodass sie etwa 2,5 cm dick ist. Fest werden lassen, dann stürzen und in der Pfanne oder im Backofen grillen.

Fladenbrot mit Spinat und Zwiebeln

VATA
Gut geeignet

PITTA
Ohne die scharfen Gewürze

KAPHA
Ideal

Diese köstlichen Brote passen hervorragend zu einem Linsen- oder Bohnencurry. Sie sind sehr kräftig im Geschmack, und der Teig ist einfach und schnell zubereitet. Die Brote selbst sind in einer Minute gegart. Zu beachten ist nur, dass der Teig erst kurz davor zubereitet wird. Sonst gibt der Spinat weiter Feuchtigkeit ab und der Teig wird klebrig. Die Brote lassen sich gut vorbereiten und im Ofen in Alufolie wieder aufbacken. Für den Kapha-Typ eignen sie sich besonders gut, denn Spinat und Kichererbsenmehl geben ihm mehr Leichtigkeit. Die Fladen enthalten auch wenig Gluten, das für Kapha unzuträglich ist. Die Zwiebeln werden für den Geschmack zugegeben, sind aber verzichtbar. Auch die beiden übrigen Doshas können die Brote genießen, allerdings sind die scharfen Gewürze für Pitta ungeeignet.

Ergibt 4 kleine Brote

45–55 g Chapatimehl (Mischung aus Weizenvollkorn- und hellem Weizenmehl, oder eines von beiden), plus mehr zum Arbeiten
35 g Kichererbsenmehl
¼ TL gemahlener Kreuzkümmel
1 gute Prise Indischer Kümmel
1 Prise Chiliflocken (nur Kapha)
knapp ¼ TL Steinsalz
60 g Spinatblätter, gewaschen, ausgedrückt und fein gehackt
1 gehäufter EL Zwiebel- oder Schalottenwürfel (nicht für Pitta)
1 EL Joghurt
1–2 EL Pflanzenöl (Vata 2, Pitta 2, Kapha 1 EL)

Beide Mehle, Gewürze und Salz in einer großen Schüssel mischen. Spinat, Zwiebeln, Joghurt und Öl zufügen und alles mit den Händen gut vermischen. Je länger der Teig geknetet wird, desto mehr Wasser tritt aus dem Spinat, das den Teig bindet.

Eine Tawa (flache indische Grillpfanne) oder eine beschichtete Bratpfanne stark erhitzen.

Aus dem Teig vier gleich große Kugeln formen. Eine Kugel mit den Händen flach drücken und von beiden Seiten mit Mehl bestäuben. Dann zu einem Kreis (10 cm Ø) ausrollen

Den Fladen in die heiße Pfanne gleiten lassen, 10 Sekunden backen, dann wenden. Den Herd auf schwache bis mittlere Hitze schalten, ¼ Teelöffel Öl (Vata ½ Teelöffel) über das Brot träufeln und mit einem Löffelrücken gleichmäßig verteilen. Das Brot in der Pfanne hin und her bewegen, sodass die Hitze gleichmäßig verteilt ist. Erneut wenden und von der zweiten Seite 10 Sekunden backen. Wieder mit ¼ Teelöffel Öl (Vata ½ TL) beträufeln. Das Brot sollte sich stellenweise goldbraun färben.

Den fertigen Fladen aus der Pfanne nehmen und warm stellen. Mit den restlichen Teigportionen ebenso verfahren.

DESSERTS

Wer kann Süßem schon widerstehen? Von allen Geschmacksrichtungen ist süß diejenige, die am stärksten nährt. Im Ayurveda meint »süß« jedoch die natürliche Eigensüße der Nahrungsmittel und nicht zuckerhaltige Produkte. Desserts als solche werden in der ayurvedischen Küche nicht empfohlen. Doch wer will schon darauf verzichten? Denn was der Seele gut tut, tut auch uns gut – in Maßen. Wenn Sie ein Dessert einplanen, essen Sie vorher einfach ein kleineres Hauptgericht. Verspeisen Sie möglichst auch nicht die ganze Portion, sondern teilen Sie das Dessert mit jemandem. Meine Portionen sind mit Absicht klein bemessen und lassen sich ohne Völle- und Schuldgefühle genießen.

Frisches Obst sollte getrennt von den Mahlzeiten verzehrt werden. In gekochtem Zustand aber ist es besser mit anderen Gerichten verträglich und damit ein prima Dessert. Obst und Milchprodukte in Kombination sind bisweilen schwer verdaulich. Wenn dies bei Ihnen Blähungen auslöst, künftig lieber meiden.

Für den Vata-Körpertyp sind wärmende, beruhigende Puddings zu empfehlen. Bei einem Pitta-Ungleichgewicht empfehlen sich kühlende Puddings mit Milch oder Kokosmilch – meiden Sie jedoch saure Früchte, Crème fraîche oder Gefrorenes. Kapha darf leichte Obstdesserts genießen.

Kühlende Kokos-Zitronen-Cupcakes

VATA
Geeignet

PITTA
Gut geeignet

KAPHA
Nur zum gelegentlichen Verzehr

Ich liebe Cupcakes. Wer tut das eigentlich nicht? Ich backe oft welche mit meiner Tochter und ihren Freundinnen. Diese Küchlein wirken kühlend auf den Körper und eignen sich gut für Pitta. Statt erhitzendem Eigelb bereite ich sie aber mit kühlender Milch und Kokosnuss zu. Auch ohne Eigelb sind sie leicht und locker. Die Zitronenschale ist ein herrlicher Kontrast zur Kokosnuss. Ebenso gut können Sie auch Orangenschale verwenden – oder beides weglassen. Das Cupcake-Grundrezept lässt sich problemlos abwandeln: Nehmen Sie z. B. anstelle von Kokosnuss mehr Zitrone und einen Esslöffel Mohn oder eine Handvoll Heidelbeeren. Die Cupcakes schmecken Vata und gelegentlich auch mal Kapha.

Ergibt 6 Cupcakes

100 g Mehl
1 kleine Prise Salz
¾ TL Backpulver
45 g weiche Butter
55 g Rohrohrzucker
1 Eiweiß (von 1 Ei Größe L)
75 ml Milch
½ TL Vanilleextrakt oder Vanilleessenz
½ TL abgeriebene Schale von 1 Bio-Zitrone
40 g geraspelte Kokosnuss

Für die Glasur

25 g Puderzucker
1–1½ TL Milch
2 EL Kokosraspel, geröstet oder Mandelblättchen (für Vata), geröstet

Außerdem

Muffinblech mit 6 Mulden
Cupcake-Papierförmchen

Den Backofen auf 180 °C (Umluft 160 °C) vorheizen. Die Papierförmchen in die Mulden des Muffinblechs setzen.

Mehl, Salz und Backpulver mischen. Butter und Zucker schaumig schlagen. Das Eiweiß einrühren. Ein Drittel der Milch und Vanilleextrakt zufügen und gut unterrühren.

Ein Drittel der Mehlmischung behutsam mit einem Löffel oder Spatel unterheben. Die Hälfte der restlichen Milch und danach die Hälfte der restlichen Mehlmischung unterrühren. Mit restlicher Milch und Mehl wiederholen. Zitronenschale und Kokosraspel einrühren.

Die Papierförmchen zu zwei Dritteln mit Teig füllen. Im Backofen (Mitte) 18–22 Minuten backen. Zur Garprobe mit einem Holzstäbchen in ein Küchlein stechen. Wenn beim Herausziehen kein Teig mehr daran haftet, sind sie gar. Die Cupcakes 10 Minuten abkühlen lassen, dann aus dem Blech lösen und vollständig auskühlen lassen.

Für die Glasur Puderzucker und Milch verrühren. Mit dem Rücken eines kleinen Löffels dünn auf die Küchlein streichen. Die Cupcakes reichlich mit Kokosraspeln bestreuen – und genießen!

Shortbread mit Erdbeer-Granatapfel-Kompott

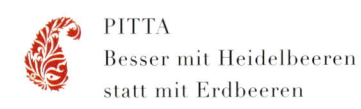

VATA
Gut geeignet

PITTA
Besser mit Heidelbeeren statt mit Erdbeeren

Dieses Rezept ist die Abwandlung eines amerikanischen Rezepts für Shortbread. Meine Variante ist weniger üppig, aber durch die Erdbeeren sehr saftig. Ich erhitze die Erdbeeren kurz, damit sie in der Kombination mit Kuchen und Sahne leichter verdaulich sind. Ein erfrischender Hochgenuss, und geradezu ideal bei einem Vata-Ungleichgewicht. Bei Pitta-Ungleichgewicht verwenden Sie statt Erdbeeren lieber Blaubeeren.

Ergibt 8–10 Stücke oder 8 kleine Küchlein

270 g Mehl, plus mehr zum Arbeiten
1 EL Backpulver
4 EL Rohrohrzucker oder brauner Zucker
¼ TL Salz
50 g kalte Butter, in kleine Würfel geschnitten, plus mehr zum Arbeiten
1 Ei, gut verquirlt
90 ml kalte Milch, davon 1 TL zum Bestreichen
¾ TL Vanilleextrakt oder Vanilleessenz
150 g Sahne
Puderzucker zum Dekorieren

Für das Kompott
Saft von 1 Orange
50 g Zucker
1 Sternanis (nach Belieben)
Mark von 1 Vanilleschote
400 g Erdbeeren, entkelcht und geviertelt (bei Pitta-Ungleichgewicht Heidelbeeren)
½ reifer Granatapfel, Kerne ausgelöst (nach Belieben)

Außerdem
Springform (20 cm Ø) oder Muffinblech

Für das Kompott Orangensaft, 60 ml Wasser, Zucker, nach Belieben Sternanis und Vanillemark in einem Topf sanft erhitzen, bis sich der Zucker aufgelöst hat. Dann 2 Minuten kochen lassen. Die Erdbeeren zufügen und 2 Minuten weiterkochen, bis sie weich werden. Das Kompott vom Herd nehmen, Granatapfelkerne einrühren und auskühlen lassen.

Den Backofen auf 220 °C (Umluft 200 °C) vorheizen. Die Backform fetten und mit Mehl bestäuben.

Mehl, Backpulver, Zucker und Salz in einer großen Schüssel mischen. Die Butterstücke zugeben und alles mit den Fingerspitzen zu einer sandigen Masse verreiben. In die Mitte eine Mulde drücken. Ei, Milch und Vanillemark verrühren. In die Mitte gießen und alles rasch mit den Händen zu einem glatten Teig verkneten. Den Teig leicht in die Form drücken. Alternativ diesen zu einem Rechteck formen und in acht Stücke teilen. Jedes Stück zu einem Kreis formen und aufs Blech oder in eine Mulde des Muffinblechs legen. Den Kuchen im Backofen (Mitte) 20–25 Minuten backen, die einzelnen Küchlein 15–17 Minuten. Zur Garprobe mit einem Holzstäbchen in den Kuchen stechen. Wenn beim Herausziehen kein Teig mehr daran haftet, ist er gar. Aus dem Ofen nehmen, aus der Form lösen und auf einem Kuchengitter auskühlen lassen. Mit einem Sägemesser waagrecht halbieren.

Die Sahne schlagen, bis sich weiche Spitzen bilden. Sternanis und Vanille aus dem Kompott entfernen. Die Schlagsahne auf einem Boden verstreichen und das Kompott darauf verteilen. Den zweiten Boden auflegen und mit Puderzucker bestäubt servieren.

Leichte Variante
Den Kuchen mit Obstkompott und einer Mischung aus 250 g Ricotta, 1 Esslöffel Honig und Kompottflüssigkeit bestreichen.

DESSERTS · 145

146 · DESSERTS

Bratapfel

VATA
Mit Crème fraîche servieren

PITTA
Mit Schlagsahne servieren

KAPHA
Gut geeignet

Für 1 Person

1 süßer Apfel (z. B. Golden Delicious), geschält und mit Zitronensaft eingerieben
1 gehäufter TL Rohrrohrzucker oder brauner Zucker
25 g Nüsse (z. B. Walnusskerne, Mandeln, leicht geröstete Haselnusskerne), grob gehackt
¼ TL gemahlener Zimt
1 Prise gemahlene Muskatnuss
1 gehäufter TL Rosinen oder andere Trockenfrüchte
80 ml Apfelsaft
8 g Butter

Gekochte Äpfel sind sehr gut zur Stärkung unserer Lebenskraft (Ojas) und sollten regelmäßig auf dem Speiseplan stehen. Dieses Dessert ist hervorragend bei Kapha-Ungleichgewicht und wird am besten ohne weitere Zugaben serviert. Vata kann allerdings einen Klecks Crème fraîche dazugeben, Pitta ein Sahnehäubchen daraufsetzen.

Den Backofen auf 190 °C (Umluft 170 °C) vorheizen. Das Kerngehäuse vom Apfel ausstechen die Frucht 2,5 cm breit aushöhlen. Das untere Ende gerade schneiden, sodass der Apfel fest steht.

Zucker, Nüsse, Zimt, Muskatnuss und Rosinen mischen und in die Apfelhöhlung füllen. Den Apfel in eine passende Auflaufform setzen und den Apfelsaft rundum angießen. Die Butter in Flöckchen auf den Apfel setzen. Mit Alufolie abgedeckt im Ofen (Mitte) 8 Minuten backen. Die Folie entfernen und den Apfel in 40–45 Minuten weich garen. Dabei alle 6–7 Minuten mit dem Saft beträufeln.

In Eile?
Den Apfel ungeschält halbieren, entkernen und 25 Minuten im Ofen garen.

Linke Seite: Bratapfel

Mandel-Orangen-Cantuccini

VATA
Gut für alle Doshas

PITTA
Gut für alle Doshas

KAPHA
Gut für alle Doshas

Ergibt ca. 30 kleine Kekse

1 Ei und 1 Eiweiß
110 g Rohrrohrzucker oder brauner Zucker
1 TL Vanilleextrakt oder Vanilleessenz
½ TL Mandelextrakt (Asialaden) oder Bittermandelaroma
1 EL Butter, geschmolzen
140 g Mandeln, grob gehackt (können durch andere Nüsse oder Samen ersetzt werden)
¾ TL Backpulver
250 g Mehl
abgeriebene Schale von 1 Bio-Orange
1½ TL Fenchelsamen
1 TL gemahlener Zimt

Fast fettfreie Kekse, ideal zu einer Tasse Tee oder als süße Kleinigkeit nach dem Essen. Cantuccini werden zweimal gebacken und sind daher knuspriger als normale Kekse. Fenchelsamen erleichtern die Verdauung und reinigen den Atem, sodass sich die Plätzchen als Menüabschluss anbieten. Die Cantuccini eignen sich für alle Doshas, der Vata- und Kapha-Typ kann noch ½ TL schwarze Pfefferkörner zugeben (vorher 40 Sekunden in 1 EL Butter anbraten).

Den Backofen auf 180 °C (Umluft 160 °C) vorheizen. Ein Backblech mit Backpapier belegen oder mit Öl bepinseln.

Ei, Eiweiß und Zucker in einer großen Schüssel leicht verrühren. Vanille- und Mandelextrakt und flüssige Butter zufügen. Die restlichen Zutaten miteinander mischen, zur Eimasse geben und alles zu einem weichen Teig verkneten. Den Teig halbieren und jede Portion zu einem Strang (2,5 cm dick, 5 cm breit) formen. Auf das Blech setzen und im Ofen (Mitte) 25 Minuten backen, bis sie fest und goldgelb sind.

Aus dem Ofen nehmen und leicht abkühlen lassen. Dann schräg in 1 cm breite Stücke schneiden. Diese mit der Schnittseite nach oben zurück aufs Blech legen. Im Ofen in 15–18 Minuten goldgelb backen. Nach der Hälfte der Backzeit wenden. Herausnehmen und auskühlen lassen.

Reiscreme mit Safran und Kardamom

VATA
Bestens geeignet

PITTA
Bestens geeignet

KAPHA
Für den gelegentlichen Verzehr

Dieser sehr gut bekömmliche indische Reispudding wirkt kühlend auf den Magen. Safran harmonisiert alle Doshas und Kardamom sorgt für eine Spur Wärme. Für Vata und Pitta ist die Creme sehr gut geeignet und als gelegentliches Dessert ist sie auch eine gute Wahl für Kapha. Am liebsten serviere ich sie ganz schlicht, ohne Obstgarnitur, die sie wieder schwerer verdaulich macht. Wenn Sie aber Gäste haben und dennoch ein gesundes Dessert anbieten wollen, reichen Sie gedämpfte getrocknete oder frische, mit Honig beträufelte Feigen dazu.

Für 4 Personen (kleine Portionen)

2½ EL Reismehl
2 EL Zucker
1 EL gemahlene Mandeln
500 ml Milch
1 kräftige Prise Safranfäden
2 grüne Kardamomkapseln, Hülsen entfernt, Samen im Mörser zerstoßen
karamellisierte Rosenmandeln oder 2 TL Mandelblättchen, leicht geröstet, zum Bestreuen

In einer Schüssel Reismehl, Zucker und Mandeln mit 75 ml Milch zu einer geschmeidigen Paste verrühren.

Die restliche Milch mit dem Safran in einem Topf bei mittlerer Hitze unter Rühren erwärmen. Sobald die Milch köchelt, die Reismehlpaste einrühren.

Bei mittlerer Hitze unter Rühren aufkochen, dann 10–15 Minuten kochen lassen, bis die Mischung cremig ist. Die Reiscreme mit Kardamom abschmecken und in Dessertschalen oder Gläser füllen. Zugedeckt im Kühlschrank auskühlen lassen. Zum Servieren mit Rosenmandeln bestreuen.

Karamellisierte Rosenmandeln
Sie sind eine ganz besondere Dekoration. Dafür in einem kleinen Topf 2 Teelöffel Rohrohrzucker in 2 Teelöffeln Wasser auflösen, dabei jedoch nicht umrühren. Die Zuckermischung bei schwacher Hitze goldbraun karamellisieren lassen. Vom Herd nehmen und 12 blanchierte, halbierte Mandeln und 1 Prise essbare, getrocknete Rosenblütenblätter einrühren, bis sie vollständig mit Sirup sind. Mit einem geölten Löffel herausheben und auf einen gefetteten Teller legen. Auskühlen lassen und auf das Dessert streuen.

DESSERTS · 149

Dattelkuchen

VATA
Ideal

PITTA
Gut geeignet

Ergibt 6 Küchlein

80 g frische Datteln, entkernt und klein gehackt
45 g Pflaumen, entkernt und klein gehackt
je ½ TL Natron und Backpulver
40 g weiche Butter, plus mehr zum Arbeiten
55 g Vollrohrzucker oder Demerarazucker
1 Ei
75 g Mehl
½ TL Vanilleextrakt oder Vanilleessenz

Für die Walnuss-Toffee-Sauce

60 g Palmzucker, grob gerieben oder gehackt
120 g Sahne
2 TL Butter
1 Handvoll Walnusskernhälften
1 Prise Salz

Außerdem

6 kleine Dariole-Förmchen oder 1 Muffinblech mit 6 Mulden

Dieser Kuchen mag opulent anmuten, aber die Süße kommt vor allem aus den Früchten. Ich serviere dazu gerne einen Klecks Schlagsahne mit kandierten Ingwerstückchen. Wenn Sie schwelgen wollen, probieren Sie die Walnuss-Toffee-Sauce mit Palmzucker. Dieser ist unraffiniert und enthält viele Mineralien. Das Rezept ist ideal für Vata und bringt auch Pitta nicht aus dem Gleichgewicht. Für Kapha ist es etwas zu üppig.

Den Backofen auf 160 °C (Umluft 150 °C) vorheizen. Die Förmchen fetten.

Die Früchte mit 150 ml Wasser in einem Topf in 4–5 Minuten weich garen. Das Natron zugeben und fein pürieren. Butter und Zucker schaumig schlagen. Das Ei einrühren. Nacheinander Obstpüree und Mehl mit Backpulver unterrühren. Den Teig gleichmäßig auf die Förmchen verteilen. Im Ofen (Mitte) 25–30 Minuten backen. Zur Garprobe mit einem Holzstäbchen in ein Küchlein stechen. Wenn beim Herausziehen kein Teig mehr daran haftet, sind sie er gar.

Für die Sauce den Palmzucker mit einem kräftigen Spritzer Wasser in einem Topf schmelzen. Sahne, Butter, Nüsse und Salz zufügen und sirupartig einköcheln lassen. Die Sauce über die Küchlein träufeln und servieren.

Einfacher Linsen-Kokos-Pudding

VATA
Für alle Doshas geeignet

PITTA
Für alle Doshas geeignet

KAPHA
Cashewkerne und Zucker reduzieren; stattdessen Rosinen zufügen

Ergibt 6 kleine Portionen

120 g gelbe Munglinsen
1 TL Ghee
50 g Cashewkerne
250 ml Kokoscreme
1 EL Reismehl
70–80 g Palmzucker oder 3–4 EL Rohrohrzucker
¼ TL gemahlener Kardamom (Samen von 1 grünen Kardamomkapsel, fein zerstoßen)
2 EL Kokosraspel, plus mehr zum Bestreuen

Ein wunderbares Winterdessert für Kapha, denn es enthält weder Milch noch Weizen. Linsennachspeisen sind in Indien sehr beliebt und in vielen Varianten verbreitet. Alle aber sind schlicht und einfach, wie es dem Ayurveda entspricht. Dieses schlichte Dessert wird in der Regel in sehr kleinen Portionen gereicht, die die Lust auf Süßes durchaus stillen. Palmzucker hat nicht immer dieselbe Konzentration. Verwenden Sie zunächst 70 g und süßen Sie bei Bedarf nach. Das Dessert empfiehlt sich bei Pitta- und Vata-Ungleichgewicht.

Die Linsen in einer Pfanne 2–3 Minuten leicht anrösten. Abkühlen lassen, dann gründlich waschen und in einen Topf füllen. Wasser zugießen, bis die Linsen 5 cm hoch bedeckt sind. Die Linsen 18 Minuten garen, bis sie gerade eben weich sind. In ein Sieb abgießen.

Inzwischen das Ghee in einem kleinen Topf erhitzen und die Cashewkerne darin goldgelb rösten. Die restlichen Zutaten und die Linsen zugeben. Alles bei mittlerer Hitze 6–8 Minuten kochen lassen, bis eine breiartige Masse entsteht. Den Pudding in Schälchen füllen, mit Kokosraspeln bestreuen und heiß oder warm servieren.

Mount Everests

VATA
Bestens geeignet

PITTA
Bestens geeignet

KAPHA
Nur für den gelegentlichen Verzehr

Zu diesem Rezept hat mich das bekannte Mont-Blanc aus Baiser mit »Spaghetti« aus Maronenpüree und Sahne angeregt. Meine Variante ist leicht gewürzt und wird auf lockeren Pfannküchlein serviert. Die Mount Everests sind eine üppige Leckerei, aber ich serviere sie in sehr kleinen Portionen. So sind sie bestens geeignet für Vata und Pitta, da sie nährend und erdend wirken, aber keine rauen oder sauren Elemente enthalten. Personen mit Kapha-Konstitution sollten sich dieses Dessert für besondere Anlässe aufheben.

Ergibt 6 Personen

3 TL Rohrohrzucker
130 g ungesüßtes Maronenpüree
6 g frischer Ingwer (nach Belieben)
½ TL gemahlener Zimt
⅓ TL Vanilleextrakt oder Vanilleessenz
75 g Sahne
1 gehäufter EL Kokosraspel zum Garnieren

Für die Pfannkuchen
75 g Mehl oder Dinkelmehl Type 630
¾ TL Backpulver
1 Prise Salz
1 TL Rohrohrzucker
90 ml Milch
1 TL Butter, geschmolzen
1½ TL Pflanzenöl

Zucker und 70 ml Wasser in einem kleinen Topf bei mittlerer Hitze aufkochen, bis sich der Zucker aufgelöst hat. Dann in 2–3 Minuten sirupartig einkochen lassen. In einen Mixer füllen, Maronenpüree, Ingwer, Zimt und Vanille zufügen und fein pürieren. (Alternativ den Ingwer auf einer Küchenreibe in den Mixer reiben.) In einen kleinen Gefrierbeutel füllen, verschließen und beiseitelegen.

Für die Pfannkuchen Mehl, Backpulver, Salz und Zucker in einer Schüssel mischen und eine Mulde in die Mitte drücken. Die Milch langsam unter Rühren hineingießen, damit sich keine Klümpchen bilden. Alles nach und nach zu einem glatten Teig verrühren. Die Butter einrühren.

Die Sahne steif schlagen, in einen kleinen Gefrierbeutel füllen, verschließen und in den Kühlschrank legen.

Die Hälfte des Öls in einer beschichteten Pfanne erhitzen. Pro Küchlein 1 Esslöffel Teig in die Pfanne geben und zu einem Kreis (6–7 cm Ø) verstreichen. So insgesamt drei Küchlein in der Pfanne formen. Die Hitze reduzieren und die Küchlein von jeder Seite in 1–1½ Minuten goldbraun backen. Herausnehmen und auf einen Teller legen. Mit dem restlichen Teig ebenso verfahren.

Auf jeden Dessertteller einen Pfannkuchen legen. Von den beiden Gefrierbeuteln je eine Ecke abschneiden, sodass eine 2,5 cm große Öffnung entsteht. Das Maronenpüree jeweils als Nest auf die Pfannkuchen spritzen. Darauf jeweils etwas Schlagsahne geben, mit Kokosraspeln bestreuen und sofort servieren.

Chai mit Milch und Ingwer

Ergibt 1 Becher

120 ml ungesüßte Soja- oder Reismilch
3 schwarze Pfefferkörner
8 grüne Kardamomkapseln, leicht zerdrückt und so geöffnet
1 kleine Prise Fenchelsamen
1 Stück Zimtstange (1 cm lang)
3 dünne Scheiben Ingwer
1 Beutel schwarzer oder grüner Tee
Honig, Palmzucker, Rohrohrzucker oder Agavendicksaft

VATA Bestens geeignet
PITTA Nur gelegentlich und ohne Pfeffer
KAPHA Bestens geeignet

Dieser Tee eignet sich hervorragend für Kapha und Vata. Beide können ihn auch mit Kuhmilch zubereiten, besonders in der kalten Jahreszeit. Ich bereite den Chai mit Sojamilch Kuhmilch habe ich lange gemieden, um zu prüfen, ob sie mein Wohlbefinden beeinträchtigt. Inzwischen trinke ich zwar wieder Kuhmilch, mag den Geschmack von Sojamilch aber lieber. Personen mit Pitta-Ungleichgewicht können gelegentlich ein Tässchen trinken.

Milch, Gewürze und Ingwer und 350 ml Wasser in einem mittelgroßen Topf aufkochen. Dann bei schwacher Hitze etwa 20 Minuten köcheln lassen, bis die Milchmischung auf etwa 250 ml reduziert ist. Dabei darauf achten, dass die Milch nicht überkocht.

Den Teebeutel hineinhängen und 1–2 Minuten oder nach Geschmack ziehen lassen. Den Chai durch ein Sieb in den Becher gießen und süßen.

Gewürzlassi mit Honig

Ergibt 1 Glas

80–100 g Naturjoghurt
je 1–2 Prisen gemahlener Zimt, gemahlener Kardamom und geröstete Kreuzkümmelsamen
je 1 kleine Prise gemahlener schwarzer Pfeffer und gemahlener Ingwer
6 große frische Minzeblätter
Honig

VATA Bestens geeignet
KAPHA Bestens geeignet

Den Kreuzkümmel zum Rösten in eine Pfanne ohne Fett streuen und bei mittlerer Hitze 1 Minute rühren, bis er duftet. Dann im Mörser fein zerreiben. Dieser Lassi kurbelt die Verdauung enorm an. Kapha bereitet ihn mit 80 g Joghurt und 170 ml Wasser zu, Vata mit 100 g Joghurt und 150 ml Wasser.

Alle Zutaten mit dem Wasser (s. o.) schaumig verquirlen. Mit Honig süßen und evtl. nachwürzen. Den Lassi zimmerwarm servieren.

Süßer Minz-Lassi

Ergibt 1 Glas

100 g Naturjoghurt
15 große frische Minzeblätter
1½ TL Rohrohrzucker

VATA Verdauungsfördernd
PITTA Kühlend
KAPHA Ideal im Sommer

Ein köstliches, kühlendes Sommergetränk für Pitta. Bei Vata fördert die frische Minze die Verdauung.

Alle Zutaten mit 150 ml Wasser im Mixer verquirlen, bis die Minze fein zerkleinert und das Getränk schaumig ist.

Granatapfelsaft mit Fenchel und Minze

Ergibt 1 Glas

½ TL Fenchelsamen
200 ml Granatapfelsaft
3 frische Minzeblätter, gehackt
Rohrohrzucker oder brauner Zucker

VATA Bestens geeignet
PITTA Besonders gut
KAPHA Bestens geeignet

Granatapfelsaft bekommt allen drei Doshas, besonders gut ist er für Pitta. Für dieses Dosha empfehle ich sehr süßen Saft und nur, wenn die Früchte Saison haben. Granatäpfel wirken blutreinigend, verdauungsfördernd und sie stärken Herz und Geist. Fenchelsamen und Minze bringen noch weitere Aromen ins Getränk und wirken kühlend auf den Körper. Ideal also für Pitta, aber auch für die beiden anderen Doshas.

Den Fenchelsamen mit 100 ml Wasser in einem kleinen Topf erhitzen und auf 1–2 Teelöffel einkochen lassen. Den Fenchelsud durch ein Sieb in den Granatapfelsaft gießen. Die Minze einrühren und nach Belieben süßen.

Nahrungsmitteltabellen
GETREIDE

Vollkorngetreide ist süß, schwer und nährstoffreich. Es empfiehlt sich daher besonders für Menschen mit Vata- und Pitta-Konstitution. Letztere sollten jedoch Getreide nicht im Übermaß essen. Für Kapha-Typen eignen sich eher leichte, trocknende Getreide in kleinen Mengen.

Getreide	Geschmacksrichtung und Eigenschaften	Vata	Pitta	Kapha
Basmatireis	Süß, kühlend, leicht, weich, mild	Gut geeignet, Naturreis besser als weißer Reis	Gut geeignet	Nur hin und wieder ratsam
Brot	Süß, salzig, schwer, feucht, weich	Nur hin und wieder ratsam	Nur hin und wieder ratsam	Meiden
Buchweizen	Süß und herb, erhitzend, leicht und trocken	Nur hin und wieder ratsam	Nur hin und wieder ratsam	Greifen Sie zu
Gerste	Süß und herb, kühlend, leicht, harntreibend	Nur hin und wieder ratsam	Gut geeignet	Greifen Sie zu. Gut geeignet
Haferflocken: trocken oder gekocht	Süß, erhitzend, schwer	Gut geeignet, wenn gekocht; in trockener Form meiden	Beides gut geeignet	Nur hin und wieder ratsam, trocken besser als gekocht
Hirse	Süß, erhitzend, leicht, trocken	Nur hin und wieder ratsam	Nur hin und wieder ratsam	Greifen Sie zu
Kekse und Müsli	Süß, salzig, trocken	Meiden	Greifen Sie zu	In Maßen genießen
Kichererbsenmehl	Süß, herb, schwer	Nur hin und wieder ratsam	Greifen Sie zu	Greifen Sie zu
Maismehl, Polenta	Süß, erhitzend, leicht, trocken	Nur hin und wieder ratsam	Nur hin und wieder ratsam	Greifen Sie zu. Gut geeignet
Naturreis	Süß, erhitzend, schwer	Greifen Sie zu	Nur hin und wieder ratsam	Nur hin und wieder ratsam
Quinoa	Süß, leicht, trocken	Greifen Sie zu	Greifen Sie zu. Gut geeignet	Greifen Sie zu
Roggen	Süß und herb, erhitzend, leicht und trocken	Nur hin und wieder ratsam	Nur hin und wieder ratsam	Gut geeignet
Weißer Reis, poliert	Süß, kühlend, leicht, weich, mild (nicht so nährstoffreich wie Basmatireis)	Greifen Sie zu	Greifen Sie zu	Meiden
Weizen (Grieß, Couscous etc.)	Süß, kühlend, schwer, feucht	Greifen Sie zu	Greifen Sie zu	Nur hin und wieder ratsam

GEMÜSE

Im Ayurveda gelten die überirdischen Teile der Pflanzen als stimulierend, die Wurzeln als erdend, Rinden und Harze als erhitzend, Blätter und Stiele als kühlend. Vata-Menschen sollten bei »blähendem« und rohem Gemüse vorsichtig sein und die Verdauung durch Gewürze unterstützen. Personen mit Kapha-Konstitution essen am besten zu jeder Mahlzeit leicht gekochtes Gemüse. Für Pitta eignen sich rohe wie gekochte Gemüse. Sorten aus der Familie der Nachtschattengewächse (Tomaten, Auberginen, Paprika etc.) können Gelenkerkrankungen und Allergien verstärken.

Gemüse	Geschmacksrichtung und Eigenschaften	Vata	Pitta	Kapha
Artischocke	Süß, herb	Greifen Sie zu	Gut geeignet	Greifen Sie zu
Aubergine	Scharf, herb, bitter, erhitzend	Greifen Sie zu (s. Einführung), mit Gewürzen zubereiten	Greifen Sie zu (s. Einführung)	In Maßen genießen, mit Gewürzen zubereiten
Avocado	Süß, herb, schwer, kühlend	Gut geeignet	In Maßen genießen	Nur hin und wieder ratsam
Blattsalat	Herb, kühlend, leicht, rau. Kann im Übermaß genossen zu Blähungen führen.	Nur hin und wieder ratsam	Gut geeignet	In Maßen genießen, roh nur im Sommer
Blumenkohl	Süß, herb, kühlend, rau, trocken	Meiden	Gut geeignet	Greifen Sie zu
Brokkoli	Süß, herb, kühlend, rau, trocken	Nur hin und wieder ratsam	Gut geeignet	Gut geeignet
Erbsen	Süß, herb, schwer	Greifen Sie zu	Greifen Sie zu	Greifen Sie zu

Gemüse	Geschmacksrichtung und Eigenschaften	Vata	Pitta	Kapha
Grüne Bohnen	Süß, herb, erhitzend	Greifen Sie zu	Gut geeignet	Gut geeignet
Ingwer	Scharf, erhitzend, leicht, trocken, rau, verdauungsfördernd, entgiftend	Greifen Sie zu	In Maßen genießen	Gut geeignet
Karotten	Süß, herb, schwer, leicht wärmend	Greifen Sie zu	Greifen Sie zu	Greifen Sie zu
Kartoffeln	Süß, herb, kühlend, trocken, rau, schwer, bei Arthritis meiden	Nur hin und wieder ratsam, mit Gewürzen zubereiten	In Maßen genießen	In Maßen genießen
Knoblauch (gebraten)	Scharf, erhitzend, ölig, mild, schwer	Greifen Sie zu	In Maßen genießen	Greifen Sie zu
Kohl	Süß, herb, kühlend, rau, trocken	Nur hin und wieder ratsam, mit Gewürzen zubereiten	Gut geeignet	Gut geeignet
Mais	Süß, herb, schwer	Greifen Sie zu	Greifen Sie zu	In Maßen genießen
Okra	Süß, herb, kühlend, rau, schleimig	Greifen Sie zu	Greifen Sie zu	Nur hin und wieder ratsam
Paprika	Süß, herb, kalt	Gekocht und ohne Haut: Greifen Sie zu. Reduziert Vata.	Greifen Sie zu (s. Einführung)	Greifen Sie zu, aber die Haut entfernen
Pilze	Süß, herb, trocken, feucht, tamasisch	Nur hin und wieder ratsam	Greifen Sie zu	Greifen Sie zu
Radieschen	Scharf, herb, erhitzend, mildert Blähungen, verdauungsfördernd	Greifen Sie zu	Nur hin und wieder ratsam	Gut geeignet
Rote Bete	Süß, wärmend, schwer, mild. Hilft bei Anämie.	Greifen Sie zu	Greifen Sie zu	Greifen Sie zu
Sellerie	Herb, kühlend, rau, trocken, leicht	Nur hin und wieder ratsam	Gut geeignet	Gut geeignet
Spargel	Süß, herb, leicht, gut für die Fruchtbarkeit	Greifen Sie zu	Gut geeignet	Gut geeignet
Spinat	Herb, scharf, bitter, kühlend, rau, trocken	In Maßen genießen	In Maßen genießen	Gut geeignet
Sprossen (gekocht)	Leicht herb, kühlend, gekocht leicht verdaulich	In Maßen genießen	Greifen Sie zu	Greifen Sie zu
Tomaten (gekocht) (in rohem Zustand für alle Doshas schlecht)	Sauer, süß, erhitzend, schwer (s. S. 57)	In Maßen genießen (am besten mit Gewürzen)	Meiden	Nur hin und wieder ratsam (am besten mit Gewürzen)
Zucchini	Süß, herb, kühlend, feucht, leicht	Nur hin und wieder ratsam	Greifen Sie zu	Nur hin und wieder ratsam
Zwiebeln (gebraten)	Süß, erhitzend, schwer	Gut geeignet	In Maßen genießen	Greifen Sie zu
Zwiebeln (roh)	Scharf, schwer, erhitzend	Meiden	Meiden	In Maßen genießen

OBST

Früchte wirken harmonisierend, reinigend und kühlend und sind morgens ideal. Frisches Obst sollte nicht in Kombination mit anderen Speisen gegessen werden. Es eignet sich bestens für Vata, aber nur als kleinerer Bestandteil eines Mahls. Vata-Typen sollten Trockenfrüchte nur gut eingeweicht essen. Frische und getrocknete Früchte, jedoch keine sauren, und frisch gepresste Säfte sind ideal für Pitta. Kapha-Typen meiden am besten sehr süßes Obst.

Frucht	Geschmacksrichtung und Eigenschaften	Vata	Pitta	Kapha
Äpfel	Süß und herb, kühlend, leicht, rau	Roh nur hin und wieder ratsam. Am besten gekocht	Gut geeignet	Greifen Sie zu
Bananen	Süß und herb, sauer, kühlend, mild, schwer, kann abführend wirken	Gut geeignet	Nur hin und wieder ratsam	Meiden
Birnen	Süß und herb, kühlend, leicht, rau, ausgleichend für alle Doshas und für den Hormonhaushalt	Greifen Sie zu	Greifen Sie zu	Greifen Sie zu

Frucht	Geschmacksrichtung und Eigenschaften	Vata	Pitta	Kapha
Datteln (reif)	Süß, kühlend, ölig. Gut fürs Blut	Eingeweicht: Greifen Sie zu. Gut geeignet	Gut geeignet	Möglichst meiden. Nur hin und wieder ratsam
Feigen (reif)	Süß und herb, kühlend, schwer, nährend, verdauungshemmend	Gut geeignet	Gut geeignet	Nur hin und wieder ratsam
Granatäpfel	Süß, sauer und herb, kühlend, mild, verdauungsanregend. Gut fürs Blut und entgiftend	Greifen Sie zu	Greifen Sie zu	Greifen Sie zu
Grapefruits	Sauer, süß, erhitzend, gut zum Abnehmen	Greifen Sie zu	Greifen Sie zu	Nur hin und wieder ratsam
Grapefruits (rosa)	Süß, sauer und herb, kühlend, mild, reinigend, stärkend, abführend	Gut geeignet	Gut geeignet	Nur hin und wieder ratsam
Kokosnüsse	Süß, kühlend, ölig, mild, stärkend	Greifen Sie zu	Gut geeignet	Nur hin und wieder ratsam
Mangos	Süß, sauer, erhitzend	Greifen Sie zu	Greifen Sie zu	Nur hin und wieder ratsam
Melonen	Süß, kühlend, schwer	In Maßen genießen	In Maßen genießen	Nur hin und wieder ratsam
Orangen	Süß und sauer, erhitzend, schwer, appetitanregend, aber schwer verdaulich	In Maßen genießen	In Maßen genießen	Meiden
Pfirsiche	Süß, sauer, herb, erhitzend, schwer	Greifen Sie zu	Greifen Sie zu	In Maßen genießen
Pflaumen	Süß, sauer, herb, erhitzend, schwer	Greifen Sie zu	Greifen Sie zu	Nur hin und wieder ratsam
Zitronen und Limetten	Süß, sauer, erhitzend	Greifen Sie zu	Greifen Sie zu	Nur hin und wieder ratsam

MILCHPRODUKTE UND EIER

Optimal sind rohe Milchprodukte, die von artgerecht gehaltenen Tieren stammen. Sie sind nahrhaft für alle Gewebe, beruhigend und erdend, können jedoch die Schleimproduktion und das Ama erhöhen. Pitta meidet besser alle sauren Milchprodukte sowie gelben, Hart- und sehr salzigen Käse. Der Kapha-Typ verzichtet besser weitgehend auf Milchprodukte, da sie schwer und kühlend sind. Durch Reis-, Mandel- oder Sojamilch ersetzen. Für Vata sind Milchprodukte gut geeignet.

Produkt	Geschmacksrichtung und Eigenschaften	Vata	Pitta	Kapha
Butter, ungesalzen	Süß, herb, kühlend, ölig, mild. Fördert die Nährstoffaufnahme.	Gut geeignet	Gut geeignet	Meiden
Buttermilch	Süß, sauer, kühlend. Am besten leicht gewürzt zum Essen getrunken, um die Verdauung anzuregen.	Greifen Sie zu	Nur hin und wieder ratsam	In Maßen genießen
Eier	Süß, herb, erhitzend, mild, schwer, ölig	Nur hin und wieder ratsam	Greifen Sie zu	Greifen Sie zu
Hüttenkäse/Quark	Süß, salzig, sauer, erhitzend, mild	Gut geeignet	Gut geeignet	Greifen Sie zu
Joghurt	Sauer, herb, erhitzend, mild, schwer, ölig	In Maßen genießen	Meiden	Meiden
Kuhmilch (roh, siehe rechs)	Süß, kühlend, schwer, ölig, mild. Gekocht und abgekühlt leichter verdaulich	Greifen Sie zu	Greifen Sie zu	Nur hin und wieder ratsam (besser zu Ziegenmilch greifen)
Reismilch	Süß, leicht, geschmeidig	Greifen Sie zu	Greifen Sie zu (gilt ebenfalls für Sojamilch)	In Maßen genießen (Sojamilch dagegen ist ideal für Kapha)
Sahne	Süß, kühlend, schwer, ölig, mild	In Maßen genießen	In Maßen genießen	Meiden
Saure Sahne	Süß, sauer, schwer, ölig, mild	Greifen Sie zu	Meiden	Meiden
Weicher, weißer Käse	Süß und sauer, kühlend, schwer, mild	Greifen Sie zu	In Maßen genießen	Nur hin und wieder ratsam (am besten Ziegenkäse)
Ziegenmilch	Süß und herb, kühlend, leicht. Mildert Husten, leichter verdaulich als Kuhmilch.	Gut geeignet	Gut geeignet	Gut geeignet

FLEISCH UND FISCH

Fleisch und Fisch gelten als ausgesprochen nährstoffreich, aber auch als schwer verdaulich und erhitzend. Sie können Giftstoffe erzeugen und Ama bilden, weshalb der ayurvedische Speiseplan häufig ganz auf sie verzichtet. Gleichwohl ist dem schwachen Vata-Typ der Verzehr von Fleisch zu empfehlen (gerne als Eintopf). Wegen ihrer erhitzenden Eigenschaften wird Pitta im Allgemeinen vom Verzehr von Fleisch und Fisch abgeraten. Auch Kapha sollte Fleisch und Fisch nur selten essen, da sie schwer verdaulich sind. Kapha-Menschen kommen sehr gut mit Gemüse und Hülsenfrüchten als Proteinlieferanten zurecht.

Fleisch-/Fischart	Geschmacksrichtung und Eigenschaften	Vata	Pitta	Kapha
Huhn/Pute	Süß, herb, erhitzend, leicht	Gut geeignet, am besten dunkles Fleisch	Greifen Sie zu	In Maßen genießen, vorzugsweise weißes Fleisch
Lamm	Süß, herb, erhitzend, schwer, ölig, stärkend	In Maßen genießen	Meiden	Meiden
Meeresfisch	Süß, salzig, schwer, ölig, mild	Gut geeignet	In Maßen genießen, Schalentiere meiden	In Maßen genießen, Schalentiere meiden
Rindfleisch	Süß, erhitzend, sehr schwer, ölig	In Maßen genießen	Meiden	Meiden
Schwein	Süß, erhitzend, schwer, ölig, schweißtreibend	Meiden	Meiden	Meiden
Süßwasserfisch (die beste Wahl bei Fisch)	Süß, erhitzend, schwer, ölig, mild	Gut geeignet	In Maßen genießen (aber besser als Seefisch)	In Maßen genießen, vorzugsweise magere Sorten

ÖLE UND FETTE

Fett erhält das Fett-, Nerven- und Knochenmarksgewebe, ist unverzichtbar für den Körper und wirkt sogar bei äußerlicher Anwendung durch Massage. Ranziges Fett erhöht das Ama, achten Sie deshalb auf das Haltbarkeitsdatum. Im Allgemeinen erhöht Fett den Pitta-Anteil. Kapha sollte jegliches Fett nur in kleinen Mengen zu sich nehmen, auch solche Sorten, die gut für diesen Körpertyp sind. Für Vata ist jedes Fett gut, außer Margarine.

Öl/Fett	Geschmacksrichtung und Eigenschaften	Vata	Pitta	Kapha
Butter, ungesalzen	Süß, herb, kühlend, ölig, mild. Fördert die Nährstoffaufnahme.	Gut geeignet	Gut geeignet	Meiden
Erdnussöl	Süß, heilend, ölig, mild	In Maßen genießen	Meiden	Meiden
Färberdistelöl	Süß, herb, scharf, erhitzend, relativ leicht, säuerlich, ölig	Nur hin und wieder ratsam	Nur hin und wieder ratsam	In Maßen genießen
Ghee (geklärte Butter)	Süß, kühlend, leicht, ölig, mild. Gut für die Verdauung und die Gewebe, erhöht die Lebenserwartung.	In Maßen genießen	Greifen Sie zu	Nur hin und wieder ratsam
Kokosöl	Süß, kühlend, relativ leicht, ölig, mild	Nur hin und wieder ratsam	Greifen Sie zu	Meiden
Leinöl	Süß, relativ leicht, erhitzend	Greifen Sie zu	In Maßen genießen	In Maßen genießen
Maiskeimöl	Süß, herb, erhitzend, relativ leicht, ölig, mild	Nur hin und wieder ratsam	Nur hin und wieder ratsam	In Maßen genießen
Mandelöl	Süß, erhitzend, leicht bitter	Gut geeignet	In Maßen genießen	Meiden
Olivenöl	Süß, kühlend, schwer, ölig, mild, stärkend	Gut geeignet	In Maßen genießen	Nur hin und wieder ratsam
Rapsöl	Süß, relativ leicht und trocknend	In Maßen genießen	Greifen Sie zu	Bestens geeignet
Senföl	Scharf, erhitzend, leicht, säuerlich, ölig. Hilft bei Arthritis und Muskelzerrungen.	Greifen Sie zu	Meiden	In Maßen genießen
Sesamöl	Süß, bitter, erhitzend, schwer, ölig, mild	Greifen Sie zu	Meiden	Nur hin und wieder ratsam
Sonnenblumenöl	Süß, kühlend, ölig, stärkend	Greifen Sie zu	In Maßen genießen	In Maßen genießen

ZUCKER

Weißer Zucker belastet alle Doshas, denn er wird nicht vollständig abgebaut und erzeugt daher Ama. Kapha-Typen sollten alle Süßungsmittel auf ein Minimum reduzieren. Für sie ist Honig die beste Wahl.

Zuckerart	Geschmacksrichtung und Eigenschaften	Vata	Pitta	Kapha
Ahornsirup	Süß, bitter, kühlend, mild, geschmeidig	Gut geeignet	Gut geeignet	Meiden
Fruchtzucker	Süß, kühlend, kann Ama erzeugen	Greifen Sie zu	Greifen Sie zu	Meiden
Honig	Süß, herb, erhitzend, trocken, rau, schwer. Reduziert die Schleimbildung.	Greifen Sie zu	Nur hin und wieder ratsam	Greifen Sie zu
Melasse (Zuckersirup)	Süß, erhitzend, bitter, mild. Gut bei Eisenmangel	Gut geeignet	Nur hin und wieder ratsam	Nur hin und wieder ratsam
Palmzucker	Süß, erhitzend, verjüngend. Enthält viele Mineralien und Vitamine.	Gut geeignet	In Maßen genießen	Nur hin und wieder ratsam
Rohrohrzucker	Süß, kühlend, schwer, mild, ölig, schwer verdaulich	Gut geeignet	Gut geeignet	Meiden

HÜLSENFRÜCHTE

Bohnen und Linsen können trocknend wirken, aber besonders Bohnen führen manchmal zu Blähungen. Sie eignen sich nicht gut für Vata, da sie dessen Luftanteil erhöhen und das Verdauungssystem stark belasten (kleine Linsen sind am besten). Bohnen und die meisten Linsen sind empfehlenswert für Menschen mit Pitta-Konstitution, die sie gut verdauen können. Kapha-Typen kann man fast alle Hülsenfrüchte empfehlen, da sie nährstoffreich, herb und trocknend sind – und bessere Proteinlieferanten als Milchprodukte und Fleisch. Am besten mit Gewürzen zubereiten. Die beste Hülsenfrucht ist die Mungbohne oder -linse. Eine Kochanleitung für Bohnen finden Sie auf Seite 57.

Hülsenfrucht	Geschmacksrichtung und Eigenschaften	Vata	Pitta	Kapha
Adzukibohnen	Süß, herb, rau, kühlend	Nur hin und wieder ratsam	Greifen Sie zu	Greifen Sie zu
Breite Bohnen	Süß, herb, kühlend	Meiden	Nur hin und wieder ratsam	Nur hin und wieder ratsam
Kichererbsen	Süß, herb, kühlend, schwer, trocken, rau, blähend	Nur hin und wieder ratsam (nur gewürzt oder püriert, z. B. Hummus)	In Maßen genießen	Greifen Sie zu
Kidneybohnen	Süß, herb, erhitzend, trocken, rau, schwer, abführend	Nur hin und wieder ratsam	In Maßen genießen	Leicht Kapha erhöhend/senkend
Mungbohnen	Süß, herb, kühlend, leicht, weich, ausgleichend für alle Doshas, ideales Mittel gegen Sommerhitze	Gut geeignet	Gut geeignet	Gut geeignet
Rote Linsen	Süß, herb, erhitzend, leicht verdaulich	Greifen Sie zu	In Maßen genießen	Gut geeignet
Schwarze Linsen	Süß, stärkend, schwer, erhitzend	Nur hin und wieder ratsam	Nur hin und wieder ratsam	Nur hin und wieder ratsam
Sojabohnen	Süß, herb, kühlend, schwer, mild, ölig	Meiden	Greifen Sie zu	Gut geeignet
Tofu	Süß, herb, kühl	In Maßen genießen (nur, wenn leicht verdaulich)	Gut geeignet	Greifen Sie zu

GEWÜRZE

Gewürze unterstützen die Verdauung und besitzen heilende Eigenschaften. Sie eignen sich hervorragend zur Erwärmung von Kapha und Vata. Pitta-Typen sollten sich eher an milde Gewürze halten. Die meisten im Supermarkt erhältlichen Gewürze sind behandelt, sodass ihr Prana, ihre Energie, zerstört ist. Unbehandelte Gewürze gibt es aber in Bioläden und Reformhäusern.

Gewürz	Geschmacksrichtung und Eigenschaften	Vata	Pitta	Kapha
Anissamen	Scharf, erhitzend, leicht, verdauungsfördernd, entgiftend	Gut geeignet	Nur hin und wieder ratsam	Greifen Sie zu
Asafoetida	Scharf, erhitzend. Hilft bei Blähungen.	Gut geeignet	Meiden	Gut geeignet
Bockshornklee (Samen)	Bitter, herb, erhitzend, trocken, gut bei Arthritis. Gilt als Fettverbrenner.	Greifen Sie zu	Nur hin und wieder ratsam	Gut geeignet
Chilischoten und Cayennepfeffer	Scharf, erhitzend, gut für den Blutkreislauf, verbrennt Ama	Nur hin und wieder ratsam	Meiden	In Maßen genießen
Dill	Süß, herb, erhitzend, beruhigt den Magen	Gut geeignet	Greifen Sie zu	Gut geeignet
Fenchel	Süß, kühlend, beruhigt den Magen, verdauungsfördernd	Gut geeignet	Greifen Sie zu	Greifen Sie zu
Gewürznelken	Scharf, erhitzend, verdauungsfördernd	In Maßen genießen	Nur hin und wieder ratsam	Gut geeignet
Kardamom	Süß, scharf, erhitzend, verdauungsfördernd, herzstärkend und gut für die Atemwege	Gut geeignet	In Maßen genießen	Gut geeignet
Koriandersamen	Scharf, herb, kühlend. Erhöht die Nährstoffaufnahme.	Gut geeignet	Greifen Sie zu	Gut geeignet
Kreuzkümmel (Cumin)	Bitter, scharf, herb, erhitzend, leicht, ölig, mild, verdauungsfördernd	Gut geeignet	In Maßen genießen	Gut geeignet
Kurkuma (Gelbwurz)	Bitter, scharf, herb, erhitzend, verdauungsfördernd. Hilft bei Diabetes.	Greifen Sie zu	Greifen Sie zu	Greifen Sie zu
Muskatnuss	Süß, scharf, herb, gut für die Verdauung und den Magen	Greifen Sie zu	In Maßen genießen	Gut geeignet
Safran	Süß, scharf, bitter, herb, kühlend, mild, gut für alle Gewebe, insbesondere fürs Blut	Gut geeignet	Gut geeignet	Greifen Sie zu
Salz (allgemein)	Salzig, erhitzend, schwer, rau, trocknend	Greifen Sie zu	Nur hin und wieder ratsam	Nur hin und wieder ratsam
Schwarzer Pfeffer	Scharf, erhitzend, leicht, trocken, rau, verdauungsfördernd	In Maßen genießen	Meiden	Gut geeignet
Selleriesamen und Indischer Kümmel	Scharf, erhitzend, leicht, verdauungsfördernd	Gut geeignet	Nur hin und wieder ratsam	Gut geeignet
Senfkörner	Scharf, erhitzend, ölig, säuerlich. Hilft bei Muskelschmerzen.	Greifen Sie zu	Meiden	Gut geeignet
Zimt	Süß, bitter, scharf, erhitzend, durststillend	Gut geeignet	Nur hin und wieder ratsam	Gut geeignet